ANALYSE D'UNE CORRESPONDANCE

DES

D'HUMIÈRES

PROVENANT

DU CHATEAU DE MONCHY

PRÈS COMPIÈGNE

PAR LE BARON J. PICHON

COMPIÈGNE

IMPRIMERIE HENRY LEFEBVRE, RUE SOLFERINO, 31

1883

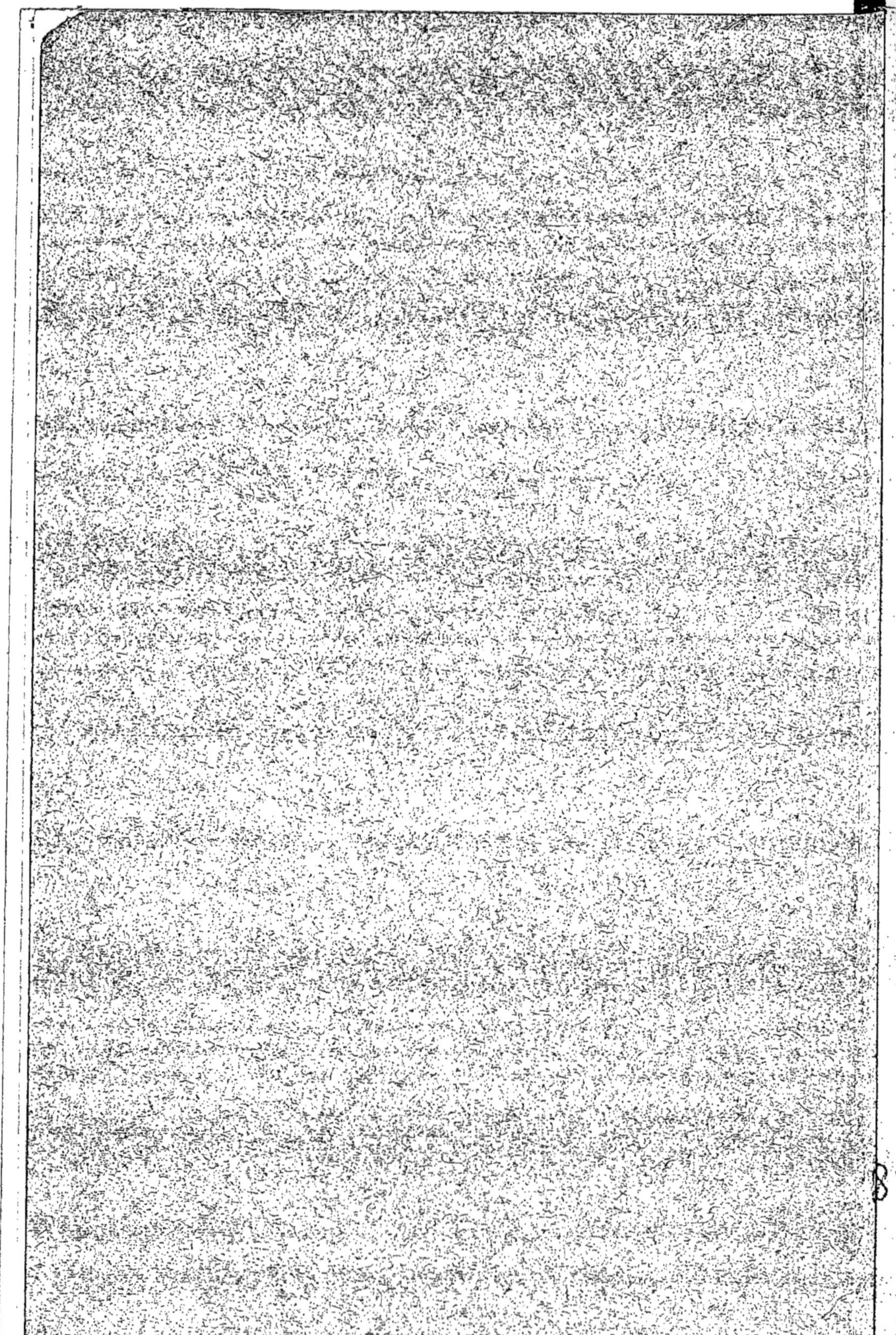

UNE CORRESPONDANCE

DES

D'HUMIÈRES

EXTRAIT DU TOME VI

*du Bulletin de la Société historique
de Compiègne.*

———

TIRÉ A 50 EXEMPLAIRES

ANALYSE D'UNE CORRESPONDANCE

DES

D'HUMIÈRES

PROVENANT

DU CHATEAU DE MONCHY

PRÈS COMPIÈGNE

PAR LE BARON J. PICHON

COMPIÈGNE

IMPRIMERIE HENRY LEFEBVRE, RUE SOLFERINO, 31.

1883

La correspondance dont je donne aujourd'hui l'analyse est une épave de celle de l'illustre maison d'Humières (1).

François d'Humières, chef de cette maison au commencement du XVIe siècle, étoit investi de la confiance de François 1er qui lui écrivoit sur les points les plus essentiels et les plus secrets de la politique. Cette correspondance si importante est depuis longues années à la Bibliothèque. Elle faisoit partie des 2500 manuscrits qu'Henri de Béthune, comte de Selle, légua à Louis XIV. Comment est-elle parvenue à Henri de Béthune? Il est bien permis de croire que *son fidèle ami* (voir 115 et 147) à qui il écrivoit assidûment des nouvelles, lui permit, en échange de cette

(1) La maison d'Humières est éteinte depuis le règne de Louis XIV. Les personnes qui portent ce nom aujourd'hui et qui sont des d'Umières, ou plutôt d'Ulmières (d'Olmeires) originaires du Rouergue établis en Auvergne vers 1543 portent d'azur à la bande d'or et n'ont pas même eu d'alliance avec les d'Humières. Les d'Humières portoient d'argent freté de sable. Les Crevant d'Humières écarteloient ces armes aux 2es et 3es quartiers avec les leurs qui sont écartelées d'argent et d'azur. Je dois à M. le comte de Marsy les notes signées My.

complaisance, de prendre ceux de ses papiers qui lui sembleroient les plus intéressants et M. de Béthune choisit bien. C'est dans cette correspondance entrée dans sa collection que se trouvent entr'autres pièces les lettres de François 1ᵉʳ à Jean III d'Humières, sur l'empoisonnement du Dauphin. Vers 1650 on n'attachoit guères d'importance aux documents concernant le XVIᵉ siècle et il est probable que Louis de Crevant donna avec grand plaisir la correspondance de ses grands parens maternels en échange des nouvelles beaucoup plus intéressantes pour lui que lui avoit envoyées M. de Béthune pendant plusieurs années (1).

Je ne possède certainement pas tout ce qui fut dédaigné par M. de Béthune ou ce qu'il ne vit pas. Une note de M. le vicomte Arthur Beugnot, placée en tête d'une correspondance de MM. de Vineuil (2) et de Villers d'O, (sortes de nouvelles à la main envoyées encore à Louis de Crevant d'Humières, père du Maréchal) porte que ces lettres abandonnées dans une tourelle du château de Monchy-Humières servaient depuis la Révolution à allumer les feux du château (3). Je crois savoir qu'il existe encore des lettres de souverains venant de ces mêmes archives. Quelle est leur importance? Je l'ignore. Peut-être aussi a-t-on fait et conservé d'autres recueils du même genre que le mien. On remarquera, en effet, qu'il y a beaucoup d'années qui ne sont représentées par aucune correspondance. Ainsi nous avons 23 lettres de l'année 1537 mais plus rien de 1538 à 1548,

(1) Frontenac dans la lettre 132 demande à son oncle de lui envoyer copie de quelques-unes des nouvelles que M. de Béthune lui fait parvenir.

(2) C'est ce Vineuil (frère du Président Ardier) qui est cité à plusieurs reprises dans les Mémoires du cardinal de Retz comme dévoué à M. le Prince et comme l'amant très influent de la belle Madame de Montbazon. Tallemant et Mme de Sévigné en parlent aussi.

(3) Le château de Monchy-Humières avait été acheté en 1811 par le comte Curial, lieutenant-général, pair de France, beau-frère du vicomte Beugnot. Au XVIᵉ et au XVIIᵉ siècles, on écrivait indifféremment MOUCHY et MONCHY et de préférence MOUCHY. De nos jours, d'excellents historiens et notamment M. Pierre Clément ont par suite confondu Monchy-Humières, avec Mouchy-le-Châtel, canton de Noailles. (My).

année dont nous n'avons qu'une lettre. Nous n'en avons aucune des années 1550, 1554, 1555, 1558 à 1561, 1563, 1574, 1579 à 1584 et *de 1588 à 1615 !* De 1617 on saute à 1622 et, enfin, après des lacunes aussi importantes dans cette série que dans celle du XVI⁰ siècle, la correspondance très nombreuse pour 1646 s'arrête brusquement avec cette année.

Il me paroît difficile que les destructeurs aient d'une part tant respecté et de l'autre tant détruit et peut-être trouvera-t-on un jour d'autres parties de cette correspondance. Espérons qu'il en sera ainsi !

Telle qu'elle existe, elle est encore d'un grand intérêt.

Au point, de vue de l'histoire générale et de celle de la Maison d'Humières les lettres du XVI⁰ siècle sont de beaucoup les plus importantes. Cinq lettres du cardinal de Tournon font voir avec quel soin il s'occupoit de l'armée. On voit ce grand ministre allant jusqu'à emprunter personnellement une somme fort considérable pour l'envoyer à d'Humières quand la cour ne lui expédioit pas d'argent. On y apprend qu'alors des commandants de places, sur le point d'être assiégés et ne recevant pas d'argent, vendoient des provisions pour pouvoir payer leurs soldats (1). Il le falloit bien, car disoit avec raison un capitaine (2) *on ne les peut faire vivre ne tenir sans cela.*

L'ordre et la régularité financière étoient antipathiques à ces races chevaleresques. Rien de plus fantastique, pour ne pas dire de plus comique, que la façon dont Jean III d'Humières (3), le vrai fondateur de

---

(1) Philippe de Créqui à Thérouane, le 5 Juin 1537, vend blé, avoine et orge (L. 7). Le cardinal de Tournon envoie à d'Humières 12.000 écus qu'il a empruntés afin qu'il ne soit contraint de mettre la main aux munitions de Turin. (L. 3).

(2) Lettre 5.

(3) Le Mausolée de Jean III d'Humières a été reproduit dans l'ouvrage de M. de Magnienville et indiqué à tort comme étant celui du maréchal.

Ce monument, élevé dans la chapelle seigneuriale de l'église de Monchy, fut enlevé au moment de la révolution et servit dans le parc de motif décoratif jusqu'à ces dernières années où il a été rapporté dans le vestibule du château et où ses débris ont été réunis.   (My).

la grandeur de cette famille, entendoit la comptabilité. On voit par une lettre de Martin de Troyes (commis de l'extraordinaire des guerres en 1536) que d'Humières n'avoit envoyé presqu'aucune quittance des gens qu'il avoit payés. Il n'avoit expédié aucune ordonnance pour les salaires des commissaires du compte des réparations de Piémont et ceux-ci ne vouloient pas approuver les acquits avant d'avoir reçu leurs émolumens. Pour ce dernier fait, le financier excuse volontiers d'Humières : *J'aimerois trop mieux*, dit-il, *que l'argent demeurât en ma bourse que le leur bailler, mais si faut-il que je retire mes acquits* (1).

Au reste, le même désordre existoit dans les affaires particulières de ces braves guerriers. Leurs receveurs et hommes d'affaires les voloient à l'envi. Les lettres des receveurs de Jacques d'Humières (2) sont curieuses sous ce rapport. On ne peut pas vendre de vin, il est à trop bon marché (3); on ne peut faire un inventaire parce que le receveur (4) couche dans la pièce où sont les titres. Un troisième garde 3,600 fr., prix de la vente d'un bois (5). Presque tous sont malades, quand il s'agit de rendre leurs comptes. Aussi ne s'étonne-t-on pas de voir François de Corbie, enseigne de la compagnie des gens d'armes du cardinal de Chastillon, seigneur d'Othes et de Jaigny, gruyer de la forêt de Cuise, écrire le 10 octobre 1575 à Jacques d'Humières, revêtu de tant d'emplois, seigneur de tant de terres : « *Je vous* « *prie regarder à votre fils car s'il n'est habillé au* « *commencement de ce froid, je lui prévois une ma-* « *ladie future, M. de Lynières n'a plus que trois* « *escus* » (6).

(1) L. 24.

(2) Lettres 47 et suiv. 1569-72.

(3) Lettre 48.

(4) Ibid.

(5) Lettre 57.

(6) Lettre 60. — Voir aussi au n° 76 une lettre d'un sieur Petitjean, précepteur du jeune d'Humières dit depuis le Boucher de Picardie. (Voir la notice de M. du Lac.)

La famille d'Humières très puissante à cette époque paroît avoir été fort unie. Charlotte d'Humières mariée en 1524 à François de Montmorency, seigneur de la Rochepot, gouverneur de l'Ile de France, étoit très souvent à Monchy, chez ses parens, puis chez son frère, et bien des lettres adressées soit à son mari soit à elle y sont restées et font partie de ce recueil dont elles ne sont pas les moins précieuses. C'est à M. de la Rochepot que sont adressées les lettres de l'amiral d'Annebaut de 1548 donnant des nouvelles d'Écosse (1) et celle non moins intéressante d'un sieur de Compiègne (2), corsaire, partant de Dieppe. C'est à Mᵐᵉ de la Rochepot qu'écrivent Coligny (n° 35) le cardidal de Chastillon (42), le grand écuyer Boysi (Claude Gouffier, (n° 28). Des trois lettres de son frère, Charles d'Humières, évêque de Bayeux, qui sont dans ce recueil, deux lui sont adressées.

Mᵐᵉ de la Rochepot paroit avoir conservé pour ce frère, dont la jeunesse avait été très maladive et qui étoit resté délicat (3), une grande affection. L'*Histoire des grands officiers de la Couronne* s'est à peu près bornée à énumérer les dignités de Charles d'Humières, évêque de Bayeux et grand aumônier de France. Il y avoit cependant plus à en dire, et Godefroy Hermant, dans son *Histoire du diocèse de Bayeux* a donné sur ce prélat distingué une intéressante notice.

Il avait eu, paroit-il, étant enfant, une singulière maladie. Fernel qui l'a décrite (4) mais sans nommer le malade dans le chapitre 16 du livre II de son traité *de Abditis rerum causis,* attribue cette maladie à la possession du démon.

(1) Lettre 25,

(2) Lettre 26.

(3) Dans une lettre sans date adressée à son frère Jacques, Charles d'Humières écrit qu'il est au château de Creil avec Mᵐᵉ de la Rochepot, mais qu'ils ne se voyent pas, chacun d'eux gardant la chambre (Lettre 32).

(4) *Io. Fernelii Universa medicina.* Lyon 1602 in-f° pp. 157 et 158 du traité *de Abditis rerum causis.* C'est dans *l'Histoire du diocèse de Bayeux,* d'Hermant, que j'ai vu que ce passage de Fernel s'appliquoit à Charles d'Humières.

« Un jeune homme d'une famille noble, dit-il,
« avoit une convulsion ou ébranlement de corps
« qui agitoit si violemment et si vite tantôt un bras
« tantôt un doigt seul, quelquefois une jambe ou
« les deux ou tout le corps lui même que quatre
« hommes avoient peine à le tenir couché. Sa tête
« et sa langue étoient libres, son esprit restoit sain,
« et tous ses sens très nets, même dans le fort de
« la convulsion. Il avoit au moins dix accès par jour.
« Dans les intervalles il étoit bien portant, mais brisé
« de fatigue. On croyoit à une convulsion voisine de
« l'épilepsie et venant des reins.
« Le 3ᵉ mois, le démon lui inspira de parler grec
« quoiqu'il ne connût pas cette langue. Toutes les
« fois que son père le visitoit, dans ses crises, avant
« même qu'il fut arrivé, le jeune malade crioit : Ren-
« voyez-le! Empêchez-le d'entrer ou ôtez-lui son
« collier (car l'image de S. Michel (*terrassant le dé-*
« *mon*) pendoit à ce collier comme c'est l'usage des
« chevalliers (de l'ordre) de France. Si on lui lisoit
« l'écriture sainte il avoit des soubresauts et des mou-
« vements d'horreur encore plus furieux. (*Ferociùs*
« *subsaltabat et inhorrescebat).* En dehors des accès il
« se désoloit, regrettoit toutes ces paroles et disoit
« que le démon avoit été mis en lui par une personne
« qu'il ne nommeroit pas et qu'il en sortiroit au
« jour fixé. »

Cette singulière maladie ne dura pas, car Charles
d'Humières n'auroit pu entrer dans les ordres, si
elle eut persisté. Il devint assez jeune évêque de
Bayeux, grand aumônier de France et, plus tard, abbé
de S. Riquier.

Il étoit souvent à la cour et en Picardie. Il se
trouvoit cependant à Bayeux, en 1562, lorsque le duc
de Bouillon profita de sa position de gouverneur de
Normandie pour livrer Rouen, Caen, Bayeux et bien
d'autres villes à la fureur des protestants. Il faut
lire dans Charles de Bras le récit des assassinats, des
pillages sans nom, des dévastations sauvages que
les précurseurs des bandits de 1793 commirent cette
année ; Charles d'Humières put se sauver du château

de Bayeux avec les principales reliques de sa cathé-
drale, s'embarquer malgré la poursuite de ces icono-
clastes, avec Germain du Val archidiacre de Bayeux
et Sr de Brevannes dont nous avons une belle lettre
dans notre recueil (n° 54), et venir se réfugier, je
crois, à Abbeville.

Dans les lettres adressées aux d'Humières, il en
est qui donnent des renseignements curieux sur dif-
férents sujets. Telles sont surtout celles d'un M. de
Caumont, sorte d'intendant de Jacques d'Humières
(n°s 85, 86 vers 1570), qui lui parle de ses chevaux, de
ses oiseaux de chasse et notamment de son sacre
qui est toujours dans le ciel et descend fort bien, de
ses chiennes grises, dont une se mit dans un terrier
de renard, *se blessa et ne veut manger*; puis de trois
douzaines d'oiseaux de volière, qu'un de ses amis lui
a envoyés *et dont il est mort la moitié.* Il ajoute pru-
demment : *Je leur fais donner à manger ce qu'il leur
est besoing.* — Je me figure que les pauvres oiseaux
n'ont pas mangé bien longtemps.

L'histoire des d'Humières est intimement liée à
celle de Picardie, aussi trouvons-nous dans leur
correspondance bien des détails locaux sur cette province. Ce sont d'abord en cette année 1537, dont
nous avons tant de lettres, des pièces relatives à divers capitaines servant en Picardie (5, 6, 9, 10) d'autres
sur l'artillerie affectée à la défense d'Abbeville, Corbie,
St-Pol et Hesdin (21, 15, 4, 13, 83). Pour 1575, 1576
1577, cinq lettres tout à fait importantes de François
Gouffier, seigneur de Bonnivet et de Crèvecœur, lieutenant général et vice-amiral de Picardie ; (n°s 58, 64,
67, 73, 77), voir surtout la lettre 77, où Bonnivet accuse
le chancelier (c'est René, depuis cardinal de Birague)
d'avoir voulu induire le peuple à blâmer et *indigner* la
noblesse ; en 1576 le récit dramatique de l'enlèvement
de femmes espagnoles, près de la censive de Gruny
(66), et une lettre d'Antoine Desprez, abbé de St-Jean
d'Amiens, député aux Etats de Blois de cette année
(69) ; en 1577, le récit d'une sédition à Montdidier, où
périt J. Cousin, apothicaire protestant, puis une lettre

d'un architecte, nommé Jehan Bruiant (1), qui diri-
geoit cette année 1577 la construction de l'église de
N. D. de Brebières que *beaucoup de gentilshommes
et autres gens de bien trouvoient fort bien* (l. 74).
Enfin, pour diverses années les nᵒˢ 32, 45, 65, 62,
79, 89.

Pour l'histoire de la Maison d'Humières, outre les
nᵒˢ cités, les nᵒˢ 30 et 34 et une lettre du Marquis del
Vasto ou du Gast, célèbre général de Charles-Quint,
relatant l'espèce de défi si fier, quoique si courtois,
que Jehan d'Humières lui avoit envoyé (nᵒ 2).

La partie de cette correspondance, qui est du XVIIᵉ
siècle, offre aussi beaucoup d'intérêt.

Pour l'histoire de Picardie, nous remarquerons
au nᵒ 90 la nomination des attournés de Compiègne
en 1604 faite par le Roi, sur une liste de candidats
élus par les habitants, mais sans égard pour le plus
ou le moins de voix obtenues. En 1615, nous avons
deux belles lettres (9 et 29 juillet nᵒˢ 91 et 92) du sieur
Alart (2) attourné de Compiègne au Vicomte de Brigueil, mari de l'héritière d'Humières, qu'il renseigne
soigneusement sur ce qui se passe à Compiègne.
Dans la dernière, il déplore la division qui existe
entre ceux des villes et ceux des champs (déjà !) *une
grande partie des petits et des grands ayant altéré
la bonne affection qu'ils souloient porter au bien du
Roy et de son état.* Une lettre de M. d'Entreval (nᵒ 93):
seigneur du domaine utile de Pierrefonds, adressée
le 2 octobre 1615 à M. de Brigueil, donne des détails
curieux sur le Prince de Condé et le Marquis de
Cœuvres, depuis Maréchal d'Estrées.

La lettre de M. Seroux, (3) écrite de Compiègne
le 8 septembre 1616 à ce même Vicomte de Brigueil
(Crevant), exprime avec énergie les sentiments d'un
sujet fidèle du Roi. Après avoir raconté les agisse-

(1) Je me demande si ce seroit d'un sien fils ou de lui qu'auroit parlé
l'amiral d'Annebaut en 1548 (lettre 25). M. Bérard cite Remy Bruiant maître
orfèvre à Valenciennes en 1534 (p. 118).

(2) Jacques Alart, avocat, attourné de la Saint-Jean 1615 à 1618.

(3) Seroux, lieutenant de M. d'Humières à Compiègne. Cette famille distinguée existe encore à Compiègne.

ments de la Marquise d'Urfé en faveur du parti des Princes, il ajoute : « Je désirerois qu'il vous plût « nous mander si désormais nous laisserons passer « toutes sortes de courriers, sans passeport. Cela « importe fort au service du Roi. »

L'homme qui portoit cette lettre fut détroussé dans la forêt de Compiègne. On la lui laissa, paroit-il, et il la raporta à Seroux qui y ajouta le 11 un post-scriptum.

En 1636, les Espagnols, encouragés par l'inaction des Hollandais, avoient pénétré en France et avoient pris Corbie le 15 août. L'effroi fut grand à Paris, et Compiègne se crut non sans cause menacé d'un siège. (1) Le 18 août, Phelippeaux de la Vrillière beau-frère du Marquis d'Humières (fils de Brigueil et père du Maréchal) lui faisoit toute sorte de recommandations parmi lesquelles je remarque celle d'en-régimenter les gens réfugiés à Compiègne, de faire contribuer ceux qui avoient de l'argent et qui étoient inutiles ou les chasser de la ville (108).

Pour l'histoire générale, on trouvera quelques petits faits dans la plupart de ces lettres. Celle n° 96 de Longuet au Vicomte de Brigueil est relative à la fin de la faveur de Concini et dans n° 118 bis, La Clavière raconte qu'à Fribourg le duc d'Enghien avoit eu presque tous ceux de sa maison tués ou blessés auprès de lui.

Beaucoup de lettres sont intéressantes pour l'histoire de la maison d'Humières mais celles de Louis IV de Crevant d'Humières, depuis Maréchal de France, au nombre de 5 font voir la bravoure, la sagesse et la raison de ce jeune seigneur de 18 ans et annoncent bien une carrière brillante. (Lettres 133, 135, 138, 140, 143). Dans la troisième de ces lettres, je remarque cette phrase : « Le Prince d'Orange n'a

---

(1) Roger de Buade de Frontenac, abbé d'Obasine, oncle de Frontenac dont nous parlerons plus loin, écrivant de Palluàu à M. d'Humières le 4 août 1636 lui exprimoit le regret d'apprendre que toute sa famille (père, mère, femme et enfant) fût à Compiègne. Voir au n° 107 un extrait de cette remarquable lettre. M. le comte de Marsy notre honorable collègue a donné dans les Bulletins de la Société de l'histoire de Paris le récit des mesures prises à cette occasion, T. VII, p. 53.

« aucune partie de son corps saine, hors le cœur
« qui est si grand qu'on eut toutes les peines du
« monde à l'empêcher de partir le lendemain. »

Le jeune d'Humières semble avoir été sous la direction d'un brave officier, M. des Minières, qui ren-
doit compte à son père, de la conduite et des besoins
de son fils. Dans la publication que j'ai faite des avis
donnés à Saint-Simon, alors âgé de 8 ans seulement,
par son gouverneur, j'ai remarqué avec quel soin
on choisissoit alors les personnes chargées de l'éduca-
tion de ces jeunes seigneurs et quelle autorité les parens leur laissoient sur leurs enfants. Les lettres de
M. des Minières donnent très bonne opinion
de son mérite et de ses sentiments et celles du
jeune d'Humières une opinion tout aussi bonne
du résultat de ses conseils.

Nous avons plusieurs lettres fort intéressantes de
Louis de Buade, Comte de Frontenac, qui a joué
un rôle assez notable au XVIIᵉ siècle, car c'est cet habile
gouverneur du Canada dont ont parlé Tallemant des
Réaux et Saint-Simon et qu'on ne s'attendoit pas à
trouver dans ce jeune élégant si raffiné qui, pour mieux
faire voir à Mademoiselle ses brillants habits, ne
craignoit pas de les étaler sur la toillette de cette princesse : connoisseur et amateur en vaiselle, en cuisine,
en un mot dans tous les genres de luxe. (Mémoires de
Mademoiselle, Michaud et Poujoulat, p. 230.) Ses lettres
à M. d'Humières son oncle (car Isabelle Phelippeaux femme de M. d'Humières, étoit sœur d'Anne
Phelippeaux mère de Frontenac) sont remplies de
faits et bien écrites, (nᵒˢ 122 à 124, 128, 130, 132, 134).
Ces lettres sont de 1644, 1645 et 1646. La plus ré-
cente est du 25 juin de cette année. Frontenac qui
étoit alors dans l'armée assiègeant Orbitello fut blessé
peu après et si grièvement que d'abord le jeune d'Humières le crut mort, mais le 14 août suivant il savoit
que son cousin n'étoit que blessé et alloit même beaucoup mieux. Comme notre correspondance s'arrête à
1646 nous ne savons pas ce que Frontenac fit ensuite,
mais deux ans après, le 27 juin 1648 il épousoit cette
charmante Anne de la Grange, si aimée d'abord de

Mademoiselle de Montpensier (1) et prise ensuite en haine par cette bizarre princesse, après des péripéties que Mademoiselle dans ses *Mémoires*, Tallemant des Réaux, et encore mieux que lui, mon cher et bon ami, feu Paulin Paris, son commentateur, ont racontées (2).

Frontenac qui, suivant Tallemant, avoit de son chef 20.000 francs de rente lorsqu'il épousa une femme beaucoup plus riche que lui, ne sut pas conserver sa fortune, ce qui donneroit assez raison à Mademoiselle sur ce qu'elle dit de son amour effréné pour le luxe. En juillet 1682 il cessoit d'être gouverneur du Canada et revenoit en France. Sa femme et lui étoient alors séparés de biens. Après leur mort, leurs biens tomboient en direction et la terre de Frontenac étoit vendue, 1,000 francs (!) au profit de leurs créanciers, à Jean-François de Carbonnier, le 29 avril 1713 (3).

On voit encore figurer dans notre correspondance un homme de grande espérance qui auroit été encore plus loin qu'il n'alla, s'il n'eut été tué étant encore jeune, c'est Louis Chalon du Blé marquis d'Huxelles neveu de M. d'Humières par sa mère, Claude Phelippeaux, sœur de Mesdames d'Humières et de Frontenac. Né en 1619, il commença à servir à 18 ans et fit 22 campagnes (4). Il avoit obtenu un brevet de Maréchal de France et un de chevalier des ordres, mais il fut blessé en 1658 au siège de Gravelines et mourut quatre jours après.

---

(1) Lorsqu'en 1652 Mademoiselle entra à peu près de force à Orléans Madame de Frontenac l'accompagnoit, Monsieur écrivoit à Madame de Fiesque et à elle dont le bon sens soutenoit, disait-il, *la chevalerie* de sa fille : à Mesdames les Comtesses, Mareschalles de camp de l'armée de ma fille contre le Mazarin. (Retz, éd. Poujoulat p. 544.)

(2) Le 18 août 1648 étant maréchal des camps et armées du Roi et mestre de camp du régiment de Normandie, il partageoit les biens de son père Henry de Buade avec sa sœur, Anne de Buade dame de S. Luc et autres enfants héritiers de leur père. (Notaires Cousignet et Richer.)

(3) Cabinet des titres.

(4) Frontenac étant au siège d'Orbitello écrivoit à son oncle d'Humières le 25 juin 1646 que le Marquis d'Huxelles avoit eu une balle dans son chapeau et une dans sa botte et que son valet de chambre avoit été tué à côté de lui. Je possède un livre fort rare et des plus singuliers, c'est l'histoire (en vers) de M. Vaillant, apothicaire de M. le Marquis d'Huxelles.

On le voit ici amoureux de la belle Marquise de Nangis (Marie de Bailleul, qu'il épousa en octobre 1645 étant veuf lui même de Gabrielle de la Grange qu'il avoit épousée en 1644 et dont, comme on le voit, il ne porta pas le deuil longtemps. Ils eurent deux fils ; l'ainé mourut à Candie le 2e fut le Maréchal d'Huxelles.

Nous avons quatre lettres de ce marquis d'Huxelles aux nos 125, 129, 137, et 139, toutes trois adressées à son oncle d'Humières. Les 2, 3, et 4es racontent des faits de guerre, la première est relative à son amour pour Marie de Bailleul Marquise de Nangis, dont nous possédons deux tres jolies lettres de 1646. Elle étoit dès lors devenue Marquise d'Huxelles.

Plusieurs personnes notables paraissent encore ici comme correspondant avec les d'Humières. Ce sont, outre celles qui ont été citées plus haut, Henri de Lorraine duc de Guise si connu par sa vie aventureuse, ses succès éphémères à Naples et les Mémoires qu'il nous a laissés (150, 151), la Vidame d'Amiens, mère de la première duchesse de Chaulnes (97) le Maréchal de Guébriant (116), La Vrillière (100), Madame de Saint Luc (120), M. de Chamborant dont il y a deux lettres adressées au Sr Bardin l'une étant relative à son livre du *Lycée* (104, 106), du 1er écuyer Béringhem (131) de Fontenay-Mareuil auteur des Mémoires (117), de Saint-Luc (132), du Cher de Fiesque (152) très spirituelle, de Henri de Béthune Comte de Selle (147) et enfin de ce Borstel, ami de Madame Desloges (146), auquel Tallemant a consacré un article rendu comme tant d'autres bien plus intéressant par le commentaire de P. Paris.

En somme, ce recueil est précieux pour bien des points de notre histoire aux XVIe et XVIIe siècles et, à la façon dont les documents se perdent ou se détruisent de nos jours, il étoit prudent d'en confier au moins une analyse à l'impression. (1)

Paris, le 25 mai 1882.

Le Bon J. Pichon.

---

(1) J'ai acquis ce recueil ainsi que celui des lettres de Vineuil à la librairie Martin, en 1881. (552e *Bulletin du Bouquiniste*, no 5767).

CORRESPONDANCE

1537.

1. *Guillaume de la Bessée*. Lyon, 28 may (1537) à M. d'Humières, lieutenant général pour le Roy en Italie, à Thurin.

Il a remis son paquet à M. le cardinal (de Tournon). Il n'a ordre de fournir le contenu en l'état que vous avez envoyé. « Pour l'artillerie, il ne peut fournir que VII^{XX} chevaulx et encore est-il bien empesché à les trouver parce qu'il n'a voulu en nulle sorte prendre les chevaux du tirage du sel, disant que les fermiers s'en pourroient excuser (et ne pas payer le roy) — Il ne baillera que 13 milliers de poudre Des pionniers, il n'en a voulu bailler un seul, disant qu'il n'avoit aucun argent pour les payer. — Il me donnera 2 canons et 2 bastardes qui sont à Grenoble. » A quoy, je fis response que puisqu'il me bailloit lesdictes pièces, falloit qu'il me donnat plus gros nombre de chevaux ; il se ravisa et dit qu'il valoit mieux, pour l'heure, ne pas emmener d'artillerie, puisqu'il ne pouvoit fournir que VII^{XX} chevaux. — Il n'a voulu fournir que 20 charrettes que je fais rabiller en diligence pour me partir incontinent. Je l'ay adverty de la mort du lieutenant du seigneur Lelyo, (ou Lelyr) qu'il trouve fort étrange.

2. *Le Mis du Gast*, à M. d'Humières, Lieutenant pour le Roy de France à Thurin. De Montcavel, le 1er juin 1537.

Lettre en françois relative à un échange de prisonniers. « De ce qu'estes très aise que nous approucherons bien tost de près, je vous assure qu'aussy le suis-je. .... Vostre buon (*sic*) amy à vous faire services. *A. d'Avalos del Vasto*, signature difficile à lire, mais on peut voir sur le cachet :

DON DAVAL. MAR. VAST. AZ.

3. *François, cardinal de Tournon* [I] (1). De Lyon, ce 2 juin (1537, au dos), à M. de Humières, Lieutenant général pour le Roy en Piémont à Turin.

« Pour la peyne en quoy je pense que vous estiez du payement de Turin, je vous envoie 12.000 escus pour y

---

(1) Les chiffres romains placés entre crochets à la suite des noms des auteurs des lettres indiquent l'ordre des correspondances de chaque personnage.

employer, combien que ce ne soit point de l'argent du Roy...
En attendant qu'il m'en envoye, j'ai recouvré lad. somme
pour la vous envoyer en poste afin que ne soyez contrainct
mettre la main à la munytion dudit Turin.... Fiez-vous en
moy, Monsieur, que à mesure que il me viendra de l'argent
je vous en envoyerai, et si je n'en eusse trouvé d'autre que
celuy qui m'est envoyé de la Cour, vous eussiez esté très
mal servy.

Vostre entièrement meilleur frère.

4. *De Honcourt* (?), à M. de la Roche (Pot) lieutenant général pour le Roy en son pays de Picardie.

Du château d'Abbeville, le 2ᵉ jour de juing. Sans
année, mais de 1537. (v. 9, 10 et 13).

En vertu de sa lettre, il a receu de Nicolas Griffonyn....
de la ville d'Amyens, les deux cullevrines batardes et les
151 boullets, plus les 400 piques qu'il lui a plu envoyer par
M. de Cercus et les d. pièces et boulets par M. Willebon.
Dès qu'il les eut, il les fit incontinent charger et aujourd'hui
les fait dépescher à Hesdin et à Saint-Pol, selon son ordonnance.

5. *H. de Lacroix* et *Saint-Aubin*, à Mgr de la Rochepot, lieutenant pour le Roy en Picardie. Saint-
Pol, 3 juin (1537, au dos.)

Ils ont reçu les lettres qu'il a adressées à M. de la Salle et
à eux, pour leur annoncer de l'argent pour payer leurs gens.
« On ne les peut faire vivre ni tenir sans cela. Ils seront
prêts à marcher.

6. *(Jaillé ?) de Lalande*, autre capitaine, à Mgr de la
Roche, etc.) Guyse, 3 juin 1537.

Il tiendra ses gens prets... Tous les jours passent allemands qui descendent droit à Douay (ou Dronay) et tirent à
Verlans en Artois Grand nombre de grosse artillerie a
passé par Vallenchiennes qui tire le dit chemin, etc.

7. *Philippe de Créquy*, à M. de la Rochepot. A
The. (Thérouanne) 5 juin 1537.

Il a fait vendre 600 septiers de blé, 8 ou 900 septiers d'a-
voine, de l'orge, du houblon, etc, recommande son neveu,
M. de Canaples, qui va vers lui et luy dira au long les
affaires.

Philippe de Créquy, surnommé le Sage, troisième fils de Jean VI, seigneur de Créquy et de Françoise de Rubempré, sa femme, fut seigneur de Bernieulles, capitaine de 100 hommes des ordonnances, chevalier de l'ordre du roi. Il étoit en 1537, gouverneur, capitaine et bailli de Thérouanne qu'il défendit courageusement contre l'empereur Charles-Quint. Il testa en 1560 et mourut en 1566. Il avoit épousé Louise de Lannoy. — M. de Canaples doit être Jean VIII de Créquy, seigneur de Canaples, capitaine des cent gentilshommes de la maison du roi, ambassadeur en Angleterre, qui avoit épousé Marie d'Acigné, dame du Bois Joly, fille de Jean, sire d'Acigné et de Gilette de Coetmen, mariée en 1525. Il mourut jeune en 1555.

8. *François, cardinal de Tournon* [II], à M. de Humières.. à Turin. De Lyon, 7 juin (1537 au dos)

..... Je vous envoye une lettre que le dit seigneur (le roi) escrit à M. de Bottières, que je ne suis pas d'avis que vous lui baillez, tant parce qu'elle contient que le Roy est d'advis suivant le mien, de les casser que aussi parce qu'il s'en remet après sur vous... Le roy croit qu'il sera très bon d'employer les 1,200 francs qu'ils coustoient par mois, au fait de l'artillerie qu'il faut augmenter puisque vous vous mettez en campagne... le tout est remis à vous — Nos lansquenetz s'acheminent vers vous. — Je feray advancer le plus que je pourray les compagnies de gendarmerie que le roy a ordonné vous estre envoyées. Entr'autres vous aurez bientôt celle du comte de Montravel et celle de M. d'Aubigny qui est à Ostun.

Vostre entièrement bon frère.

9. *Martin de Troyes*, à M. de la Rochepot, gouverneur de Picardie. Fontainebleau, 7 juin (1537 au dos).

Il m'a esté ordonné 21.000 l. pour vous faire tenir, pour payer un mémoire que cy dedans vous envoie, que M. le Chancelier m'a fait escripre soubz lui. Il y a pour les lansquenets du comte Guillaume (de Fustemberg) 2,340 l. pour 354 hommes qui se sont trouvez d'avantage, oultre la montre précédente — chevaux légers estant à Hesdin sous le jeune Villebon, 3,895 l. — les gens de pié du seigneur de Sercus, et ceux estans autour de Therouanne et Monstreuil. On partira dans cinq ou six jours pour Paris et là on advisera où l'on ira.

Martin de Troyes, étant *commis par le Roy* à tenir le compte et faire le paiement des frais extraordinaires de ses guerres, paya le 15 avril 1535 (6) à Jeh. Breton de Villandry (v. ci-après, numéro 17) 364 l. pour avoir, pendant ce mois, contrôlé une partie des monstres des gens de guerre à pied, lansquenet et autres au service du Roy, de çà les monts. (Cabinet des titres).

Le mémoire du Chancelier est sous le numéro suivant.

10. *Mémoire* dicté par le *Chancelier* à Martin de Troyes et annexé à la lettre précédente.

Fault envoyer à Mgr de la Rochepot la somme de 21,000 liv. pour payer les gens de guerre à pié qui sont à Hesdin, S. Paoul, Therouenne, Monstreuil, estant sous les charges des capitaines de Sercus, de Blérencourt et Yville, Saint-Aubin et la Salle, du Biez et autres ; en ce comprins 2,340 l. pour 354 hommes lansquenestz sous les ordres du comte Guillaume de Fustemberg qui se sont trouvez outre le nombre de la monstre précédente de May. Faudra aussy payer les 100 hommes montez sur chevaux legiers soulz la charge du jeune Villebon estans à Hesdin, montans pour 3 mois 3,895 l. et le reste pour les gens de pied.

11. *Anthoine du Bourg* (chancelier) [I], à M. de la Rochepot, lieutenant pour le Roy en Picardie. De Fontainebleau, le 9 juin 1537.

Il a reseu ses lettres par M. de Marivaulx, présent porteur.
Lui recommande de bien envoyer aux clercs de l'extraordinaire les rôles des montres dèsqu'elles seront faictes. Le paiement des 500 hommes est faict et aussi 2,000[l] pour employer ès réparations que verrez plus pressées.

12. *Cristoff, duc de Wirtenberg*, à M. d'Humières, lieutenant général pour le Roy. Mure, 11 juin 1537.

Depuis ce qu'il lui a mandé par Laval, varlet de chambre du Roy, ses bandes n'ont séjourné que 2 jours et ne feust que le roy a ordonné la monstre et revue des dites bandes estre faites à Gappe (Gap) feusse esté de brief auprès de vous. — Il lui demande si les ennemis le peuvent empescher de descendre le Mont-Genèvre, ou autre chemin de là à Thurin, afin qu'il puisse dresser son cas, en telle sorte que l'on congnoisse qu'il a des gens de bien et gens de guerre avec luy et pleins de bon vouloir, etc.

Vostre bon amy.

13. *Estats des munitions* qui ont esté envoyées de la ville d'Abbeville, au chasteau de Hesdin, depuis le 7 may 1537 jusqu'au 11 juin en suivant.

8 mai, 9^{XX}17 poinçons de vins. Le 1er juin, 400 picques, 524 sétiers d'orge.... plont (sic), poix, 1 balon d'acyer, 50 liv. de fil de coton, fil de fer.
2 couleuvrines bastardes et 100 boullets de fer, 10 demy-caques de poudre.
Voir au sujet de ces envois la lettre n° 4 de Honcourt à M. de la Rochepot.

14. *Anthoine du Bourg*, [II], à M. de la Rochepot,
e tc. Fontainebleau, 13 juin (1537.)

> Vivres envoyées par commandement du Roy par M. d'Estourmel, à Thérouenne, Saint-Pol et Hesdin.

15 et 16. *Jacques de Lamet*, à M. de la Rochepot.
— De Corbeye (Corbie), 14 juin 1537).

> Lettre et certificat desquels il résulte que noble homme Pierre de la Griffonière, canonier ordinaire du Roy a amené à Corbie, une grande coulleuvrine; une batarde et un canon garni de chergois (où chergres), de deux cables avecq 6 pallonyaulx, ensemble une charette, chargée de 42 boullets, avec 2 petits barilz de poudre à amorse.

Jacques de Lamet, seigneur de Henencourt, avait épousé Marguerite de Flandres, fille de Jean, seigneur de Drincamp. Il fut longtemps gouverneur de Corbie. Il fut enterré dans l'église de Henencourt, où il est représenté à genoux, armé de toutes pièces. (La Morlière, 305.)

16 bis. *Anthoine du Bourg* (chancelier).
Fontainebleau 19 Juin 1537, à M. de La Rochepot.

> M. de Marivaulx porteur lui dira la dépêche qui a été faite pour luy et M. de Rissé (Georges de Créquy, S. des Riceys, dont nous avons une lettre).

(Voir n° 81, une lettre qui pourrait se placer ici.)

17. *Breton*, [I], à M. d'Humières, lieutenant général
du Roy en Piémont. De Meudon, 3 aoust 1537.

> Le cardinal de Tournon n'aura failly vous annoncer la trève.... vous serez dorénavant mieux secouru d'argent.... Le Roy vous escript présentement. Grace à Dieu, le dit seigneur se porte maintenant très bien et s'en va du tout guéry.

Le signataire de ces lettres est Jehan Breton, S. de Villandry qui exerça les fonctions de secrétaire des finances et contrôleur général des guerres au moins dès 1533 et encore en 1538. Il avait combattu à Pavie et avait été pris avec le Roi. Lhermite Souliers a dit mal à propos qu'il était mort peu après cette bataille puisqu'il mourut le 19 août 1542.

Lacroix du Maine dit de lui qu'il était secrétaire du Roy en 1537 (c'est précisément l'année où nos lettres ont été écrites) et ajoute que : « Il a écrit plusieurs mémoires et affaires d'Etat « sous le règne de son maître susdit duquel il étoit bien aimé et « favori. Nous en avons quelques-uns par devers nous escrits « de sa main. »

Jean Breton de Villandry laissa plusieurs enfans d'Anne Gedoyn.

Chose extraordinaire, c'est cette dame qui était chargée de faire tous les marchés pour la construction du château de Chambord. J'ai eu occasion de voir un de ces marchés assez détaillé (du 9 Mai 1544) où le maître maçon, autrement dit l'architecte de Chambord est nommé Jacques Cogneau. Le Villandry cité par Boileau dans sa satyre du repas était de cette maison. Je suis porté à croire qu'une branche au moins (du Pordo et de la Motte-Purnon) établie en Bretagne, existoit encore sous le règne de Louis XVI (j'ai un cachet de cette époque aux armes très particulières de cette maison — d'azur au chevron d'argent au chef cousu de gueules chargé de 3 besans d'or) et existe peut être encore aujourd'hui. Il y a dans un recueil de portraits, chez feu mon ami Grangier de la Marinière un beau crayon de Léonore Breton, fille de Villandry, femme de Claude Burgensis (de Bourges), dame du Goguier en 1547 et en 1572 dame d'honneur de la reine de Navarre.

18. *Depesien* (ou *eu* ?), à M. de Humières, lieutenant pour le Roy en Piémont. De Bennes, ce 4 aoust 1537.

Hier à 22 heures, M. de Raconix et M. le comte de Bennes partirent d'icy pour aller à Raconix, avec 20 ou 25 chevaux. ils rencontrèrent, de delà de Bra, une imboscade d'Espaignolz de 50 à 60 chevaux, qui les défirent. Le sieur de Bennes passa parmy les ennemys accompagné du comte de Sexe et se sauva à Caramaigne, et à cette heure se trouve à Raconix, dont Mademoiselle de Bennes a esté en grant poyne.

Je vois dans le P. Anselme (IV. 228) Ludovic de Coste (Costa) chevalier de l'ordre du Roi, capitaine de 50 hommes d'armes, qui, d'Aurelia Spinola, avait eu Lucrèce de Coste, mariée le 18 septembre 1574, à Florestan de Béthune, seigneur de Congy. Les de Bennes cités dans cette lettre étaient peut être les père et mère de Ludovic.

19. *François, cardinal de Tournon* [III], à M. de Humières, etc. De Lyon, 7 aoust (1537).

J'ay receu (vostre lettre) du 2 de ce mois et ay grand regret à la mort du pauvre Matignon.

Je vous envoye 60,000 fr. pour payer les Italiens. Leurs bandes ne sont pas à demi completes, ainsi que le comte Belingier me le dit en passant icy et le sieur Jehan Paulo ne m'en escrit pas moins. Le roi donne 1,000 escus à Jehan Paulo ; dans le dixième jour, il y aura 100 ou 6ˣˣ mille francs à Pinerol.

Vostre entièrement bon frère.

20. *Breton* [II], à M. d'Humières, etc. De Meleun, le 8 aoust 1537. — Cachet (pain à cacheter entre deux papiers) chevron et chef chargé de 3 besans ou tourteaux.

Le Roy lui écrit par le comte de Berlinger. « Je suis tout asseuré, Mgr, qu'oncques homme ne fust, tenant le lieu que vous tenez, en plus grant peine fascherie et ennuy que vous estes, mais il n'y a remède et j'espère que les choses yront mieulz par cy après vous advisant, Mgr, que j'ay esté très aise d'avoir entendu, par la lettre que m'avez escripte que vous vous trouviez à présent mieulx que n'estiez quand Geiz partit... De bref serez du tout guary. Nous aurons icy ou autre part que le Roy sera dimanche prochain. M. le Dauphin et M. le grand maistre avec luy, lequel vous pourra beaucoup mieulx fere satisfaire que nul autre.
Je crois cette lettre autographe.

21. *François, cardinal de Tournon* [IV], à M. de Humières. De Lyon, 14 aoust 1537.

Je vous envoye une dépesche de M. de Villandry. (1) Vous y verrez le double d'une lettre que le Roy écrit au duc de Wirtemberg... Je n'y treuve rien de mal sinon qu'elle est trop gratieuse. — Le Roy vient à Moulins, sans s'arrester à Fontainebleau, ce qui fait espérer qu'il sera bien tost ici et que vous serez mieux secouru que ne l'avez été par le passé. Par Jehan Paulo, mauvaises nouvelles de Florence.

Vostre entièrement bon frère.

22. ... et *des Bartes*, capitaines de bandes, à M. d'Humières. De Prat Gellat, le 16 août 1537.

M. de Bouttières les a empêchés de prendre le chemin de Turin, gâté par les ennemis; ils attendent les ordres de M. d'Humières.

23. *Breton* [III], à M. d'Humières. De Fontainebleau, 30 aoust 1537. Cachet comme au n° 20.

M. de Langey peut être arrivé devers vous, par lequel vous aurez entendu des nouvelles du Roy et son vouloir. Depuis, M. de Lézigny est arrivé qui a longuement parlé et devisé avec le Roy des affaires de Pymont et pense que de brief on vous satisfera ; vous verrez ce que ledit s^r vous escrira et pareillement le grand maistre.

(P. S.) M. de Lezigny eut hier la fièvre bien fort.

(1) C'est sans doute la précédente du 8 août.

24. *Martin de Troyes* [II], à Mgr de Humières, chev. de l'ordre. Paris, 15 octobre 1537 (v. nᵒ 9).

Mgr, Sanson va de ma part et de la sienne vous supplier de l'aider des quittances d'aucunes parties qu'il a payées de vostre commandement à M. le duc de Virtemberg.

Comme vous savez, Mgr, ni estat ni aucune ordonnance faite par vous ou autre lieutenant général du Roy ne peut servir sans les quittances des parties. »

Beaucoup d'irrégularités signalées dans l'administration d'Humières ; il n'avoit pas donné les pièces nécessaires pour les dépenses suivantes :

1ᵒ paiement de 100 hommes au château de Verzeil, sous le capitaine Blanche.

2ᵒ idem de 200 hommes, à Saluces, sous Francisque de Clairmont.

3ᵒ 300 escus pour la réparation de Quiers.

4ᵒ Il n'avoit jamais expédié aucune ordonnance pour les salaires des commissaires de controle des réparations de Pymont (Piémont) « et ils ne veulent maintenant expédier les acquits en forme sans estre entièrement payés. J'aimerois trop mieux, Mgr, que l'argent demeurast en ma bourse que le leur bailler, mais si faut-il que je retire mes acquits et aussi, si je leur paye sans ordonnance, ce serait autant perdu pour moi ». Il s'excuse de son importunité.

(Voir sous les nᵒˢ 82 et 83, deux lettres de 1545, environ).

1548.

25. *L'amiral d'Annebaut*, à M. de la Rochepot, lieutenant pour le Roy, en Picardie. Haubecret (ce n'est pas Chamberet-Broglie), le 5 septembre (1548, au dos).

Il lui envoie le fils bastard de Maistre Bruyant, qu'il a nourry et le prie de l'envoyer à Boulogne, à son père qui le demande. Par lettres de M. d'Essay (Montalembert) et par le capitaine Gaillard, qui est allé d'Ecosse vers le Roy, j'ai eu seur advertissement que la deffaicte que noz gens ont faicte (fait subir aux Anglois), en Escosse, a été beaucoup plus grande que les Anglois n'ont fait courir le bruyt, car elle a esté de 3,000 chevaulx, la fleur de tout le pays d'Angleterre.

Votre entièrement bon amy.

1549.

26. *De Compiengne*, à Monseigneur (de la Rochepot), Dieppe, lundi 17 juin 1549. Empreinte, en blanc, d'un cachet écartelé : aux 1 et 4 ; bande, accompagnée de six billettes ; aux 2 et 3, trois huchets, lettres I. S. à coté de l'écu. (Ce n'est donc pas le sceau de ce Compiègne).

> Il a reçu sa lettre et 25 escus sol. moyennant lesquelz il espère parachever à vitouailler ses navires..... je ne fauldré à ce soyr ou bien demain à me mettre vers l'eau en espérance joincte avec bonne volonté de rencontrer quelque bonne adventure.

1551.

27. *C. de Humyères*, évêque de Bayeux [1], à madame sa sœur, madame de la Rochepot. Monchy, 16 juillet 1551.

> J'ai receu vostre lettre à Compiègne. ! ... Mad° nostre mère désire fort vous veoir avant se retirer vers la Royne, qui lui a commandé ce faire. N'eust esté sa maladie, elle vous fust allé trouver à Bresle. MM. de Guise et d'Aumale sont allés recongnoistre le camp de l'Empereur. (Bochetel, Laubespine, Coignet, ou Crignet.)

28. *Boissy*, (Claude Gouffier seigneur de Boissy) grand escuyer de France, connu comme amateur de livres, etc., à madame de la Rochepot, sa cousine. Chantilly 25 octobre (1551).

> Il s'excuse de ne pouvoir aller à l'enterrement de M. de la Rochepot.

1552.

29. *C. d'Humières*, évêque de Bayeux [II], à madame de la Roche-Pot, à Humières. Blois, 8 janvier 1551 (1552 N. S.)

> Il a parlé au connestable et au cardinal de Chastillon pour ses francsfiefs et nouveaux acquets de Bourgogne. (Le roi prenoit ces droits quand ils n'avoient pas encore été payés.)

On a voulu mettre la ville de Parme entre les mains de l'empereur ; le traistre a esté décapité. Le Roy doibt faire un camp volant d'ici à un mois du costé de la Champagne, où se fera le grand effort de la guerre, cette année. Il lève 24 ou 25,000 François, 14 ou 15,000 Suisses, et 10 ou 12,00 Allemands et 1,800 chevaux légers.

L'empereur fait aussi grande assemblée de cavalerie.

Vostre bien humble frère.

30. *Jean Neret,* à Madame de la Rochepot, à Monchy. Compiègne, 23 aoust (1552).

A mon retour des champs, j'ay veu vos lettres par lesquelles me mandez me trouver aujourd'hui à Monchy pour compter avec vous. Il vous plaira entendre que n'ay autre compte à rendre sinon que les vous ai rendus le 29 octobre 1550, dont le paiement est escheu au jour d'ascention N. S. 551, montant à la somme de 8^{xx} 17 $^{liv.}$ (177 $^{liv.}$) 13 ^{s} 3 ^{d} dont il appartient moitié au Roy, et l'autre moitié à feu M. de la Rochepot, montant à 88$^{liv.}$ 10^s 7^d et les chablis et autres marchés vendus depuis ledit jour jusqu'au dernier jour d'aoust dernier passé montent à 7^{xx} 3 liv. 4 s. par., dont moitié au Roy qui fera pour votre part et moictié 71$^{liv.}$ 11^d p. sans comprendre 2 marchés à Guillaume Costerel et Loys de Billy, montant à 105 $^{liv.}$ parce que le Sgr de Sailly disoit luy avoir esté donné par feu Monsieur, que je vous ai payé à Amiens, sur lesquelles sommes de 88$^{liv.}$ 17 ^{s} 7$^{d ob}$ par. d'un coté et 71 $^{liv.}$ 12 s. p. d'autre, feu Mons. m'a donné pour récompense de deniers par moy receus et voyages par moy faists 100$^{liv.}$ et je ay payé suivant vostre mandement à l'ostel de l'Escu de France à Compiengne, 35 liv. 5 s. t. et encore par autres parties 20 liv. et le reste est deu par les marchands dénommés au greffe, dont faut faire recouvrement et faut que M. le receveur Sallart vous tienne compte des ventes de bois de Fuillé et marchez délivrez le 29 oct. 1549, courant l'année 1550. N'eust esté que suy fort empêché à la collation du role des deffaulx et amendes de ceste année par le commandement de M. le récepteur de Vallon, je vous feusse allé veoir.

1553.

31. *Ch. de Humières,* évêque de Bayeux [III], à son frère M. de Humières, gouverneur des prévôtés de Péronne, Montdidier et Roye, capitaine de cinquante hommes d'armes. Creil, le 8 mars 1552. (1553 N. S.)

Il envoie ce laquet à leur mère, pour lui dire que la fièvre l'a quitté. Il envoya Lacaille à la poste de St.-Leu, qui y a trouvé un secrétaire du maréchal de Saint-André, qui est à

Ardres, avec 1200 chevaux et 4000 hommes de pied, pour le ravitailler. Dedans peu de jours, il espère mettre ensemble 4,000 chevaux et 10,000 hommes de pied. On envoie à Péronne 4 enseignes de gens de pied. Gordes et Becherens sont deux des 4 capitaines. Il est venu à Cambrai plusieurs enseignes de hauts-allemands pour venir à Péronne, il engage son frère à s'occuper de cette ville. Il ne voit point leur sœur, Mme de la Rochepot. Elle ne bouge de sa chambre, ni lui de la sienne.

32. *Les maieur et jures* de la ville d'Encre (sic, aujourd'hui Albert), à Madame de la Rochepot. Encre, 12 aoust 1553.

M. de Breulx est décédé. M. de Buignicourt a son gouvernement. Demandent une recommandation pour obtenir de lui le renouvellement de leurs lettres de sauvegarde. (Les noms des officiers municipaux ne figurent pas dans cette lettre).
Ponthus de Lalain, seigneur de Bugnicourt, habile général de Charles-Quint. Ce fut lui qui détruisit Thérouanne, après l'avoir prise, pendant l'armistice.

1554.

33. *Vieilleville* (François de Scepeaux, depuis Maréchal de), une des figures les plus brillantes du XVIe siècle, auteur de mémoires très curieux, à M. d'Humières. Metz, le 12 février 1553. (1554 N. S.)

« Les affaires du Roy à Metz vont aultant bien qu'il le sçauroit désirer. »

1557.

34. *Pecquet*, à Mme de la Rochepot, à Creil. Ancre, 19 mars 1556. (1557 N. S.)

Suivant la lettre de M. de Lonvyller, votre maistre d'hostel, je vous envoie quatre patés de truytes, avec deux grandes carpes des plus belles que j'ay pu recouvrer. M. de Beillet votre maistre d'hostel est de présent (à) Arras prisonnier des gens de M. de Busy. M. de Humyères a esté adverti que le batart de Myromon avoit un prisonnier soudart de la companye dudit S^r. de Busy, et en a escript audit batart pour voir s'il pourra ravoir M. le maistre (sic) homme pour homme.

35. *Chastillon* (Gaspard de — depuis Amiral de Coligny), à Mme de la Roche (Pot) à Chastillon. Rue, 9 avril 1556. (1557 N. S.)

> Il a quitté Abbeville ce matin et est venu coucher à Rue, s'acheminant à Ardres. Il fait son compte d'estre revenu à Abbeville, la veille de Pasques.
> Vostre obéissant nepveu et bien seur amy.

Ce *seur amy* commandoit à Caen en 1562, pendant qu'on poursuivoit et traquoit Charles d'Humières évêque de Bayeux (voir la Préface). Sa mère étoit la sœur de M. de la Rochepot) c'est pourquoi il signoit *vostre nepveu.*

36 et 37. *Charlotte d'Arces*, fille unique de Nicolas d'Arces, baron de Ferrières et d'Anne le Veneur, femme, le 20 janvier 1554, de *Louis d'Humières*, seigneur de Contay, gouverneur de Péronne, Montdidier et Roye, dont elle n'eut pas d'enfants. Elle se remaria à Gilles des Ursins, seigneur d'Armentières.

Deux lettres, peut-être autographes, signées « vostre très humble et très obéissante fame, Charlotte d'Arces » à son mari. De Paris, 5 octobre 1557.

> M. de la Bastye vous a demandé le bénéfice de Saint-Aubin de Tenney, comme le plus petit de ceux que tenoit feu M. l'Archidiacre, mon oncle, pour un de ses cousins, nommé Jehan d'Arces. D'après les partages que j'ay faits cet hiver dernier en Normandie avec Mme de la Rivière, touchant son douaire sur la baronnie de Ferrières, la présentation dudit St-Aubin luy est demeurée... Quant à celuy de Boysne, je vous supplye pour la première requeste que je vous feiz jamais de mon bien, que je y présente, tel qu'il me plaira.... M. de la Bastye n'ayant pas de parent fort proche ne trouvera estrange que m'accordiez ma première requeste.

Cette lettre accuse une grande froideur entre les époux. La première est une variante. Une note détachée dit : *Ceste lettre qui est marquée en la marge d'ung* **A** (c'est celle analysée) *semble estre la meilleure.*

1562.

38. *Reprinses* contenues ès-comptes de Villefranche, pour l'an 1558, finissant 1559, etc., jusqu'en 1562.

> Religieux de Dammartin. Maladrerie du Val d'Abbeville, Florent Le Noir — la veuve Nicolas de la Porte, puis Pierre le Grand, fermier de la terre et seigneurie du Crotoy.

En tout 870 septiers de divers grains et 1,957 liv. 10 s ; plus,
faut repêter de Maillart 447 l. 4 s.

Au dos : Mémoire) des remises (sic) baillées par Villefranche)
en la reddition de ses comptes. Novembre 1574.

39. *Il generale dell or (dine) di Pred (icato) ri.* Di
Drolo (Dreux ?) 20 di agosto 1562, à l'Evêque de
Bayeux, Ch. d'Humières, en italien.

Il faudrait que le Roi T. C. obtienne un bref apostolique.

1564.

40. *François Chemal,* receveur général de l'abbaye
de Saint Riquier [I] à M. d'Humières.

Rendra ses comptes le jour S. Jehan Baptiste prochainement
venant.

1565.

41. *Pierre Ysoré* (moine de Marmoutiers ?), à Mme
d'Humières, à Belin. A l'enfermerie de Mare-
moustier, le 19 may 1565. (Il y a une famille Isoré
alliée à celle de Bethune.)

Le prieur retirera en sa main ce qu'il avoit baillé à rente
perpétuelle au S. de Saint Bouhaire. Ni Mme d'Humières ni
sa partie adverse n'auront rien.

Il lui recommande sa cousine du Plessis, dès sa jeunesse, dédiée à lui faire service.

Il se recommande à ses bonnes graces et à celles de
Mlle sa sœur.

42. *Le Cardinal de Chastillon,* (évêque de Beauvais,
depuis marié et conservant son titre de Cardinal),
à M. de Humyères, chevalier de l'ordre du Roy.
Chastillon, 1er octobre 1565.

Le sieur de Tessey (Tessé) jouit du fief du Boullay, appar-
tenant au S. de Joué, qui est de mes bons amys, soubz cou-
leur d'un despit de fief. Ce fief réuni à la terre du Boulay
devoit être par la coutume restitué au Sr de Joué, etc. Le
sieur de Joué n'étoit qu'usufruitier et M. d'Humières, propriétaire de ce fief.

Au dos : pour porter au Mayne et parler à Tessey.

1566.

43. *Jean Jacob*, receveur, à Mgr d'Humières. De Belin, 20 avril 1566.

Le mari de Mademoiselle de Talvande est à Paris. — La comtesse de Sancerre poursuivoit d'Humières pour un rachat pour lequel il avoit composé à 70 liv. Elle avoit les baronies de Chasteaux et de S. Christophe. Humières tenoit de Chasteaux ou des fiefs en dépendant la disme de Charnay. On lui demandoit foy et hommage du petit Pin. Le grand Pin étoit saisi pour défaut d'hommage et paiement de rachat, etc. — De Saint-Christophe, il tenoit Cerizay, etc.

1567.

44. *Castelnau de Mauvissière*, auteur des Mémoires. 12 Novembre 1567.

Lettre pourrie et trouée.

45. *Anthoine Bertin*, à Mgr d'Humières, à Péronne. Montdidier, 27 novembre 1567.

J'ay ordonné que Jehan de Formeries, dit Baulde, prisonnier, seroit mis ès mains du sergent, présent porteur, pour vous estre mené et faire de luy tout ce qu'il vous plaira, et ne s'en vouloit le sergent charger... On a faict du jour d'hyer recherche dans les maisons des Huguenots pour se saisir de leurs armes, mais cela n'a servi de rien, pour avoir trop attendu et aussi qu'ils en estoient bien advertys... Nos ennemys sont dans notre ville et se vantent de la trahir et (menacent) de mettre le feu aux quatre coins. Demande de secours.

Antoine de Bertin, lieutenant général au bailliage de Montdidier, joua un rôle très important dans cette ville sous Charles IX et Henri III. Il se montra constamment l'adversaire déclaré des huguenots et la lettre qu'il écrit à d'Humières n'est postérieure que de quelques jours à la démission d'Antoine de Brouilly, seigneur de Mesviller, protestant, capitaine de la ville. A cette époque, dit V. de Beauvillé (Hist. de la ville de Montdidier, T. I., p. 220, 1re éd), Bertin et le maieur disposaient de tout dans la ville et aux environs.   (My.)

1568

46. *Jehan Martin*, à M. de Launay, au bourg d'Averton. De Maienne (?), 18 octobre (1568 ?)

Lettre horriblement mal écrite, parlant d'un rachat fait par M. de Guise. Seroit-ce un rachat de Mayenne d'où auroit relevé quelque fief à M. d'Humières ? (Voir le n° 49.)

1569

47. *Gilles Amaury*, homme d'affaires [I] à son frère. Belin, 24 juin 1569.

Récit de ce qu'il a fait pour faire rentrer de l'argent ; mauvaise foi de la femme d'un receveur. Il se recommande à MM. de Briges, de Gallamet et tous autres gentilshommes et serviteurs du logis.

Albert de Briges, vicomte de Choisy, chevalier du Saint-Siège, lieutenant de roi de Compiègne.

48. *G. Amaury* [II], à M. d'Humières. Belin, 24 juin 1569 — même date que la précédente.

Les affaires de M. d'Humières. Le receveur de Cheveigny près Chasteaudun. — Certification des maieur et eschevins de Péronne portée à Blois à M. de Chaumont,

M. de Mouillerant, bailly de Vienne, pour M. d'Humières. Le receveur de Cheveigny ne payoit pas les rentes dues à Blois et laissoit saisir les terres de M. d'Humières ; s'excuse sur son emprisonnement et sa maladie. — On demande 250 liv. pour les termes échus des rentes de Blois. La métairie de la maison saisie.

Le vin est à rien, le tonneau (2 poinçons d'Orléans) du meilleur vin se vend 9 ou 10 liv. t. Il se pourra gaster ; pas de caves — vignes bien faites et belles. Jehan Jacob, le receveur de Belin, va mieux, mais ne peut se tenir sur ses jambes. Il ne se soucie pas de faire inventaire des titres qui sont partie dans le cabinet de céans et partie dans la chambre où il a coustume de coucher. M. de Cossé dit qu'il faut faire cet inventaire.

Il ira demain au Perray, pour les affaires de Mlle de Belin. M. de Pezé est au Grand Bouchet, pays du Perche.

Il portera les lettres à la Lucazière, pour les lui faire tenir.

49. *Claude Delaunay*, homme d'affaires [I], à M. d'Humières. Du bourg d'Averton, 23 juillet 1569. (Voir n° 46.)

J'envoie 2,200 livres que vostre argentier trouvera à Paris qui est le tout et le plus que j'ai sceu faire. M. et Mme de Pezé sont à la Lucasière et M. de Jarzé à Courcyle, le baron de Vassé, etc.

1570

50. *Lanssac*, à M. d'Humières. Paris, 3 avril 1570. Signé : votre humble frère et compaignon à vous fère service.

Il lui envoie des lettres de la reine montrant qu'il n'a pas oublié de lui écrire du propos dont il lui avait parlé ; le prie d'aider son fils à avoir une bonne et prompte résolution de ce qu'il poursuit, afin qu'il lui en ait la principale obligation.

Ce doit être Louis de S. Gelais, s. de Lanssac, très employé ainsi que son fils, par la Reine mère. Il fut surintendant de sa Maison, ambassadeur à Rome et Brantôme a dit de lui qu'il était *un vieil registre des antiquités de la court et de la France.*

51. *Claude de Warlusel*, à M. de la Garrigue, secrétaire de M. d'Humières à Paris. Monchy, 29 novembre 1570.

Il s'occupe d'envoyer de l'argent à Madame d'Humières. Il a reçu 485 liv. etc.

52. *Jehan d'Acigné*, à M. d'Humières, capitaine de 50 hommes d'armes de ses ordonnances. Paris, 18 novembre 1570.

Cachét blanc, armes d'Acigné et collier de Saint-Michel.

Il a donné à Clouet, solliciteur de M. d'Humières, une lettre pour son bailli de Sillé, afin qu'il lui donne du temps pour bailler son aveu.

1571

53. *Claude Delaunay* [II], à M. de Humières, etc., à Monchy. Au Mans, 6 janvier 1571.

Il a envoyé 4,200 liv. à Me Nicole Clouet ; ceux de Maienne poursuivent pour faire les obéissances (aveux) tant pour Oûthe que pour le bourg d'Averton. Il va essayer à avoir un délay.

1572

54. *Germain du Val*, à M. d'Humières, chevalier de l'ordre, lieutenant du Roi à Montdidier, etc. Paris. 14 avril (sans année, mais sans doute 1572). Cachet en blanc aux armes des Duval de Fontenay Mareuil.

Le porteur lui dira son indisposition, laquelle l'empêche de lui faire service, comme il y est tenu et le désire. M. Leliepvre et moy, avons prié M. de Saint-Patère de vous aller trouver pour vous descouvrir complètement de vos affaires et entendre votre volonté afin qu'au voyage qu'il espère faire de brief à Bayeux, il puisse donner ordre à ce qu'il trouvera. M. Leliepvre vous escrit bien amplement.

Ce G. du Val étoit seigneur de Brevannes et doyen de Bayeux. On le voit cité dans la lettre nº 56, comme commissaire pour les comptes de l'évêché vacant de Rennes et mêlé aux affaires de Bayeux.

Cette lettre doit être de 1572 ou de 1573 et se rattache à la succession de l'évêque de Bayeux.

55. *Lelièvre*, à M. d'Humières, chevalier de l'ordre du Roi, capitaine de 50 hommes d'armes, etc., à Encre. Paris, 11 ou 25 avril (1572, voir nº 54.)

Je vous ay fait entendre par M. de Saint-Pataire, l'état de vos affaires de par deçà et despuis est advenu la mort de Madame la comtesse de Maulevrier, qui décéda samedi sur les 8 heures du soir, surprise et accablée d'une forte apoplexie, épilepsie et paralysie, qui sont trois maladies suffisantes pour faire mourir le plus fort homme. Vous passerez, s'il vous plait, la procuration mentionnée en ma dernière lettre et adviserez ce que voulez estre faict touchant les lettres patentes qu'il faut obtenir touchant les réparations de Bayeux, car, les 3 mois passés, le procureur du roi dudit lieu ne faudra de tourmenter vos pleiges. M. de Nançay est aux champs et, pour le paiement de ce qui vous est dû, il faut vous adresser au gentilhomme que je pense estre gascon qui estoit présent lorsqu'on vous fit le premier paiement. Il demeure à Saint-Amand. Je n'ai sceu encore nouvelles de Desbordes. Vos procès contre M. de Myraumont et Pécoul s'instruisent avec la plus grande diligence.

Quelle est cette comtesse de Maulevrier ? Je serois porté à croire que ce seroit Jacqueline d'Averton, première femme de Charles Robert de la Marck, second fils de Robert de la Marck, 4ᵉ du nom et de Françoise de Brézé, comte de Maulevrier et de Braine.

Son mari s'étant remarié en 1574 à Antoinette de la Tour, veuve de Jean d'Avaugour, elle a dû mourir vers l'époque où a été écrite cette lettre. Cette dame de Maulevrier était sœur de Renée d'Averton, femme de Jacques d'Humières et il paroît assez étonnant qu'on annonce à un supérieur, sans plus de précaution ni d'émotion, la mort de sa belle-sœur.

Ce Lelièvre doit être de la famille des Lelièvre de la Grange, famille distinguée dans la robe d'abord, puis dans l'épée.

56. *François Chemal*, receveur de l'abbaye de Saint-Riquier [II], à M. d'Humières,... à la part qu'il sera la présente soit portée. Saint-Ricquier, 25 septembre 1572.

> Pour raison des différents qui estoient entre vous et M. Boulle, commissaire à l'administration de l'esglise et abbaye de Saint Riquier pour le trespas de Mgr de Baieux, més comptes sont demeurez à arrester jusqu'à présent et pour ce que êtes d'accord avec Mgr de Nançay, je vous écris pour vous faire entendre que j'ai été trouver M. de Brevannes à Paris, à son retour de Bayeux, pour voir mes comptes quand cela vous plaira... Après le décès de Mgr de Rennes,... mondit Sgr de Brevannes fust estably commissaire, comme ledict Boulle l'est de la dite abbaye.

1573.

57. *Socquet*, à M. d'Humières. Myraumont, 19 ocbre 1573.

> Receveurs qui ne payent pas. Jean de Haussy garde 3,600 liv. de la vente du bois de Pozières.

58. *François Gouffier, seigneur de Bonnivet et de Crevecœur*, troisième fils et le plus remarquable des enfants de l'amiral Bonnivet.

Elevé enfant d'honneur des enfants de France, il avoit commencé à servir sous M. de Lansac, lorsque l'empereur descendit en Provence. Il suivit le dauphin en Piémont et était au Pas de Suze en 1537 — à l'assaut d'Hesdin, la même année, puis au siège de Coni sous l'amiral d'Annebaut, à celui de Perpignan, au secours de Landrecies en 1543.

A Cerisolles, n'ayant pu trouver un cheval convenable, il combattit la pique à la main à la tête de l'infanterie et y acquit beaucoup de gloire.

L'armée du roi se trouvant en face de celle de l'empereur, un capitaine allemand sortit des rangs pour défier un françois. Bonnivet le combattit et le tua, après avoir été blessé au bras. Devant Montreuil, il renversa et fit prisonnier un comte de Montfort qui avoit voulu jouter avec lui. Il se distingua au siège de Metz en 1552. Il eut un cheval tué sous lui à la bataille de Saint-Quentin en 1557, y fut fait prisonnier et s'échappa ; se distingua aux sièges de Calais, Thionville et Orléans, et aux batailles de Dreux et de St-Denis et mérita le titre de chevalier sans reproche.

Il fut fait chevalier de l'ordre à Poissy, le jour de St-Michel 1560. Le roi lui fit don de 12,000 liv. le 18 juillet 1575 et le fit lieutenant-général et vice-amiral de Picardie en 1577 et chevalier du St-Esprit à la première promotion. Il remit au roi en 1586 sa charge de lieutenant général de Picardie et eut le 24 mars de la même année un brevet de maréchal de France pour la seconde place qui viendrait à vaquer.

La ligue devenant trop puissante en Picardie, il eut de nouvelles provisions de lieutenant-général en cette province, le 18 octobre 1588. C'est en sa faveur que la terre des Deffends fut érigée en marquisat. Il mourut en 1594 et fut enterré à Crevecœur. Il étoit habituellement désigné sous le nom de M. de Crevecœur. Il avoit épousé Anne de Carnazet dont il eut quatorze enfants.

[I]. A M. de Humières, chev. de l'ordre du Roy, capitaine de 50 hommes d'armes et gouverneur de Péronne, Montdidier et Roy. Crevecuer, 9 septembre 1575. Lettre signée de 2 pages 1/2 et deux lignes autographes.

> Le Roi a fait une déclaration sur quelques droits et prééminences que prétendoit à l'arrière-ban le sieur de Sanzay, révoquant ce que le feu Roy lui avoit accordé. Recommandations très sages sur l'arrière-ban « Et cependant observez de près les actions de ceulx qui se tiennent prests de monter à cheval, afin que s'il est possible, nous y soyons devant eulx. »

59. *C. Corret*, à madame d'Humières, à Monchy. Paris, 12 septembre 1575.

> A propos d'une obligation sur le comte de Maulevrier.

60. *François de Corbie* [I], à M. d'Humières. De Paris, 10 octobre 1575.

> « Depuis ma lettre du 7, il ne s'est rien passé sinon que M. de Villeroy est arrivé ce matin et a rapporté comme Mgr de Montpensier est revenu de devers Mgr le duc, auquel il a promis de se trouver à Bloys, où est la Reyne, pour re-

garder à pacifier ce royaume et mande la Reyne monseigneur de Montmorency qui la va trouver à Blois. Toutefois les reistres ne diffèrent pour cela d'approcher... ils sont à Sissonne, M. de Guyse à N.-D. de Liesse.

Les reistres (20,000 chevaux) sont partis de ceste court. M. de Thoré les mène. Ils l'ont tenu assiégé dans une église tout un jour et vouloient le tuer. Le duc de Guise en a pris 30 à 40. M. le Prince fait encore une levée de 6,000 reistres, le roi en fait autant. Si nous n'avons la paix, je prévois une future ruyne. On dit que la guerre sera en Picardie, mais ils vont vers la Loire rejoindre les troupes de M. le Duc.

Je vous prie regarder à votre filz, car s'il n'est habillé au commencement de ce froid, je lui prévois une maladie future. M. de Lynières m'a mandé par Antoine qu'il n'a plus que trois escus. J'en parlerai à mad. de Fontenay, pour lui en fère bailler, attendant que y aurez pourveu. »

61. *François de Corbie* [II], à M. d'Humières. Paris, 27 novembre 1575.

M. Dupuy a présenté lui-même son placet au Roi qui l'a accordé et signé. Je ferai expédier incontinent les lettres. Le chancelier n'a rien scellé depuis bien 12 jours, qui est cause que je vous renvoie les lettres de M. de Villers. — On laisse à votre trésorier 600 liv. pour payer les casaques. — M. de Biron apporta hier la confirmation de la trève. MM. de Chatte et Rambouillet sont allés à Bourges pour parler aux habitans et à beaucoup de gentilshommes qui ne la veulent rendre. Je vous supplie que M. de Fontenay ne soit pas mal content, il devoit être *exécuté*.

62. *Decourt*, lieutenant général du prévot, à Mgr d'Humières, à Monchy. Montdidier, 3 déc. 1575.

Procès de Salomon Patou, dans lequel Jehan Beaurepaire et son frère se trouvent chargés. Je lairai les choses afin de lui donner moyen de vous faire service à charge de se représenter quand il en sera requis et de déposer une somme de deniers, attendant un autre temps pour faire le deu de ma charge.

63. *Postscriptum* d'une lettre du *Roy* du 24 déc. 1575, à M. de Crevecœur (Bonnivet).

« Ces gens là marchent toujours de sorte que sans m'attendre à la tresve, je me munis de ce qui m'est nécessaire .. L'orage tombera de ce costé. »

1576.

64. *François Gouffier, seigneur de Bonnivet* [II], à M. d'Humières. Crevecuer, le 23 août 1576. L. S. 4 lig. autogr.

Le roy escript que le Transilvain ayant été nommé roy de Pologne envoie des ambassadeurs qui pourroient passer par ici. Qu'on les retienne en les entretenant le plus gracieusement que faire se pourra jusqu'à ce que S. M. soit avertie.

65. *François de Conty, seigneur de Rocquencourt*, à M. d'Humières. Rocquencourt, 28 octobre 1576.

A mon retour de la cour, j'ai trouvé M. de Crevecœur à Luserche, dont je vous envoie des lettres.

Le roy a trouvé bon tout ce qui s'est fait de nostre part à l'assemblée. — Envoyer les procès-verbaux des assemblées, afin de faire congnoistre aux estats comme les assemblées ont esté libres et seures pour tous ceulx qui y sont intervenus. Il ne peut estre à la signature à Montdidier, parce qu'un sien amy l'a prié d'aller le trouver pour une procuration.

Ce François de Conty est cité par Lebeuf comme ayant été seigneur de Rocquencourt en 1576. Il doit être le fils de Jean de Conty, seigneur du dit lieu, en 1550, et d'Anne Herbelot.

66. *Cornet* et *Hennicque,* lieutenant et procureur du Roi à Roye, à M. d'Humières. Roye, 8 novembre 1576.

Récit très dramatique de l'enlèvement de femmes espagnoles étant dans un chariot, près la cense de Gruny. Femme emmenée en croupe, mari blessé, etc.

67. *François Gouffier, seigneur de Bonnivet* [III], à M. d'Humières. Crevecœur, 19 novembre 1576. Lett. sig. d'une page 1/2 dont 12 lignes autographes.

Il a reçu lettres du Roi qui s'achemine à Blois pour y recevoir toutes les doléances de son peuple.

Si quelqu'un est en doute ou crainte du retour de Mgr (le duc d'Alençon) auprès de S. M., vous les rassurerez du bon vouloir et intencion d'Elle et de Mondit Sgr.

La Royne a eu l'alarme si chaude à Chenonceaux qu'elle n'est pas osée partir tant pour le passage des uns et des autres, qui vont vers le roy de Navarre que pour autre lieu. Ceux de la religion se sont emparés de la Charité.

Gentilhomme envoyé par le Roi à Montdidier pour faire sortir de ce gouvernement le chastelain de Valenciennes. Le roi a mandé à M. d'Estourmel de veiller à ce que des gens qui font mine de se jeter sur les gens du chastelain n'en fassent rien.

68. *Rubentel*, à M. d'Humières. Paris, 23 novembre 1576.

Revenu d'Auvergne depuis deux jours, il a reçu de M. le trésorier de Bray, une assignation pour le paiement de la compagnie d'Humières, sur le receveur général de Berny, d'Amiens.

69. *Anthoine, abbé de Saint Jehan.* De Blois, ce 29 de novembre 1576. (Voir le n° 73.)

Le Roy m'a fait fort bon accueil... il a une singulière attente de nostre costé... Beaucoup voudroient interrompre les estats, mais le Roi les desire absolutement et à bonne raison. Les adversaires font courir le bruit que si l'on touche à l'édit de paix, c'est entrer en guerre.

Anthoine Desprez, 35° abbé de Saint Jean d'Amiens, député aux Etats de 1576.

70. *Jehan Hennegrave*, procureur du Roy à Montdidier, à M. d'Humières. Montdidier, 3 décembre 1576.

Il ne lui répondra pas par escrit sur le personnage dont Humières lui a écrit. Il a tant fait auprès du prévost des mareschaux qu'il a obtenu de lui de surseoir aux poursuites jusqu'au premier voyage de M. d'Humières. Ainsi, le personnage en question est bien tenu lui faire service, etc.

Un Hennegrave, peut-être, était-ce le même, se distingua au siège de Péronne en 1536 et fut anobli, avec concession d'armoiries, rappelant ce fait d'armes. (V. de Beauvillé. Hist. de Montdidier. T. I. 199. 1ʳᵉ éd.)   (My).

1577.

71. *M. d'Entragues.* Paris, 8 janvier 1577.

Lettre déchirée et incomplète.

72. *Les Maieur et Eschevins de Montdidier (Blocquel et Bucquet)*, à M. d'Humières. Montdidier, 15 avril 1577.

Le jour d'hier (c'était Quasimodo, au dos), sur les 7 ou 8 heures du soir, revenant des processions, le peuple se trouva mal édiffié et irrité de quelques propos scandaleux tenus par un nommé Pierre Cousin, apoticaire, contre l'honneur de Dieu... Cousin, pensant tirer un coup de pistolet sur ceulx estant en la rue, tua sa femme; le peuple le tua et menaça ceulx qui, comme lui n'avaient pas fait leurs pasques. Pour leur sûreté, on les enferma à l'Hôtel-de-ville. Faut-il les mettre hors de la ville, ou les garder?

Pièce intéressante.

Bon Blocquel, maire et l'un des signataires de cette lettre, avait été obligé, pendant cette émeute, de se réfugier dans la maison d'un nommé du Castel. Il y fut cerné et soutint une sorte de siège. La ville de Montdidier dût plus tard payer au propriétaire une indemnité de 22 livres 14 s. pour les dégâts commis à cette occasion. (V. de Beauvillé. Histoire de Montdidier, T. I. 233, 1ʳᵉ éd.)   (My).

73. *François Gouffier, seigneur de Bonnivet et de Crevecœur* [IV], à M. d'Humières, etc. Crevecœur, le 13 juin 1577. L. s. avec 5 lig. aut.

M. de Brosse doit être à la cour, c'est le dixième jour qu'il est parti d'ici. (M. de Crevecœur) a arrangé le différent de MM. de la ville d'Amiens avec M. de Saint-Jehan et celui du chapitre et de l'évêque. Il s'en est peu fallu qu'on en soit venu à une sédition, qui eut été une risée pour entre nous catholiques qui n'avons pas besoin de telles alarmes. M. de Mauvissière lui écrit que la Reyne d'Angleterre se laisse fort aller aux persuasions de ceux de la religion françoys. — Infinité de corsaires, avec commission du roi de Navarre et du prince de Condé. — Querelle d'Allemagne, etc.

Très intéressante et bien écrite.

74. *J. Bruiant*, à Mgr de Humières, capitaine de 50 hommes d'armes, gouverneur de Péronne, etc. à Paris. D'Encre, le 6 septembre 1577.

Dernièrement je vous envoyai la copie du plan et establissement de N.-D. de Brebière et vous mandez (*sic*) commment les machonneries estoient levées à 6 pieds près de la haulteur qu'il les convenoit lever pour commenchier à vaulser (*sic* pour voûter?), c'est assavoir le cœur (*sic*) et la chapelle St-Jacques. Depuis ce temps nous avons érigé et établi le (*sic*) nef et portail, ensemble rempli les arches jusqu'à la hauteur des hautes machonneries... nous n'avons point eu de vos nouvelles... Je vous supplie avoir esgard sur les pouvres ouvriers; vous sçavés qu'il fait cher vivre... qu'on nous baille quelque argent... Je suis bien assuré,

quand vous aurez vu les ouvraiges, vous en serez fort content. Beaucoup de gentilzhommes et aultres gens de bien les
treuvent fort bien, etc.

M Bérard, dans son Dictionnaire des artistes français, nomme
Remy Bruyant, orfèvre et ciseleur de Valenciennes, vivant
en 1534. Il a pu être père de Jean.

75. *De Montonvillier*, à M. d'Humières. D'Amiens, le 8 octobre 1577.

Me trouvant à Paris avec M. Le Roy, trésorier de l'extraordinaire des guerres, il disoit qu'il désiroit grandement que
les gouverneurs de Picardie fussent payés, je lui dis que,
s'il le vouloit, je les ferois payer par les receveurs parti-
culiers de cette généralité.

76. *Petiteau* (précepteur du jeune d'Humières?). De Paris, 13 octobre 1577.

Vous avez peu entendre par Madame le bon portement de
M. vostre fils, depuis vostre départ de ceste ville, M. Lerouge, avant son despart pour le Mans, laissa promesse à
son cousin, pour la somme de 500 liv. qu'il me doibt fournir, en partie de laquelle je doibt faire provision de environ
15 muids de vin et le reste je l'emploierai à la despence.
Ledit sieur Lerouge, ayant crainte que M. Marchand ne
voulut encore haulser les 500 liv. qu'il demandoit de loyer
de son logis si seulx qui y avaient envoyé en offroient da-
vantage, reprint hier, avec M. Maignant, ledit logis à ferme
pour 3 années commençantes à Pasque prochain, à raison
de 500 liv. par an.

77. *François Gouffier, Seigneur de Bonnivet* [V], à M. d'Humières. — Crèvecœur, 16 novembre 1577. 1 page signée et 4 lignes autogr.

Il n'a pas passé Abbeville et est rentré chez lui, à cause
d'un fascheux rhume, pour se faire un peu médeciner. —
Il lui semble que tous ne désirent pas mieulx que d'estre
exempts de presches. — Les villes commencent fort à se
plaindre de cette traicte de bledz et de vins et de l'excès des
monnoies auxquels j'entens que M. le Chancelier a respon-
du qu'il ne sçait comment (y) pourvoir d'autant que les plus
grands de Picardie sont ceulx qui en abuzent le plus. Je ne
sçay comme il l'entend, congnoissant bien peu d'entre nous
qui facent trafficq de ceste marchandise là, mais je crains
que ce ne soit une invention, pour couvrir ceulx qui en font
les faultes, et, avec cela induire le peuple à en blâmer et
indigner la noblesse.

1578

78. *Du Val*, à M. d'Humières. De Paris, ce 28 mars 1578.

Longue lettre sur les moyens d'obtenir l'assignation et le paiement des sommes à lui dûes par le Roy.
Je crois que c'est Tristan du Val, m^e des comptes, frère et héritier de Germain du Val, dont nous avons une lettre au n° 54.

1584

79. *De Brebant*. Corbie, 6 mars 1584.

Peu lisible et paraissant peu intéressante.

1587

80. *André de Toulouse*, à M. d'Humières, à Monchy. De Paris, ce 22 août 1587.

Lui demande 11,382 liv. qu'il lui doit tant par promesse que parties fournies depuis un an. Vous m'avez promis depuis Pasques que, dedans la St-Jehan, je serois payé principalement de 3,000 et tant d'escus que me debvez de longue main, etc. Il vous plaira, Mgr, de fère payer ladicte somme à mon homme. Vous ne m'avez jamais aidé en plus grande nécessité. Vous savez que je ne puis payer mes debtes, si je ne reçois de ceulx qui me doibvent, etc.

LETTRES SANS DATE, DU XVIe SIÈCLE

81. *Georges de Créquy*, à M. d'Humières, lieutenant pour le Roi en Italie. Paris, le 2 aoust (1537). Lettre autographe signée; cachet écartelé de Créquy et d'Amboise.

Il va à Monchy voir Madame d'Humières et de là, à Amiens, trouver M. de Laroche, en attendant que son rapporteur soit prest à faire ses enquestes. Son conseil, en présence de M. Disque, (sans doute François Disque, conseiller au Parlement, en 1538), a été d'avis qu'il doit emporter la moitié de Vandœuvre et les levées et le sixiesme pour le moins des terres de Touraine.

Cette lettre devrait être placée après le n° 16 bis.

Ce Georges de Créquy, fils de Jean VI, Seigneur de Créquy et de Marie d'Amboise et frère de Philippe de Créquy (n° 7), Seigneur des Riceys, chambellan du duc d'Anjou et lieutenant de la Compagnie du comte de Vaudemont, avait épousé le 21 août 1535, Jeanne d'Humières, fille de Jean et de Françoise de Contay. C'est pourquoi il signe « votre très humble et très obéissant filz. »

82. Lettre d'un homme d'affaires, à M. de la Rochepot, sans date. 1545 à 1550.

Il a été à la cour des comptes voir des titres sur Encre.

83. *Jehan de Raconis*, à M. de la Rochepot, lieutenant général pour le Roy en Picardie. Paris, le 8 septembre, sans date, 1545 environ.

Je receus hier 1 coullevrine bastarde, deulx faulcons, telz qu'ilz sont et d'autres pièces rompues de hacquebutes à crocq, en tout 14 pièces. Vous m'avez mandé que je pèse tout. Le fondeur, M° Etienne Taneguy est ici, attendant sa dépesche pour besoigner. Il me faudra le poids du Roy pour peser tous les cuivres ; cela fait, je vous enverrai le poids. Si j'eusse eu argent pour en faire la despense, je l'eusse faicte (Au dos, *pièces envoyées de Péronne*).

84. *Nicolas F(umée)*, évêque de Beauvais, à M. d'Humières, gouverneur de Montdidier. Beauvais, le dernier juing (sans date).

Lettre de procédure. Il faudrait présenter requête au parlement. — Biens d'église qu'Humières vouloit avoir et qui avoient été vendus sans qu'il le sût.

85. *De Caumont* [I]. Mouchy, 20 février. — Avant 1572, M. de Bayeux étant mort le 5 décembre 1571 ; sans doute, vers 1570.

Détails d'administration rurale.

J'ai baillé vos chiens aux garenniers, lesquels se plaignent, disant que, par l'estat fait par Madame avec eulx, ils ne doivent nourrir chacun que 2 couples de chiens pour chasser en terre qui ne sont de si grand despense. Quant aux fiens (fumiers) des vuignes, n'est plus temps de charrier, ce serait plus dommage que prouffit du récepveur. Il dit n'avoir rien prins de la disme de vos vins. Si vous voulez qu'il paye vos fiens, il sera en perte... Il seroit bon en parler à M. de Bayeux. Vos. chevaux font bonne chère et se portent bien.

86. *De Caumont* [II], à M. d'Humières, à Paris. Egalement sans date.

Même genre. Vos chevaux sont gras. Il étoit bien temps que Brise vint pour les mener dehors, autrement, ils se fussent gâtés. Guillot va aux champs, quand le temps est propre. Vos oiseaulx, le bastard, le sacret volèrent hier qui prindrent 2 perdrix que je vous envoie. — Le faucon a pris un oiseau de rivière. Vostre sacre est toujours dans le ciel et descend fort bien. De vos chiens, il en i a quatre de fort bons. Ils furent vendredi au bois d'Oisemont, si chassèrent les regnars très bien et en feirent terrer un. L'une des chiennes grises se mit dans le terrier et se blessa en sorte qu'elle ne vœult point manger. On luy fait bouillir du lait. M. de Bermas (?) a envoyé 3 douzaines d'oyseaulx, il en est mort la moitié. Je leur fais donner à manger ce qu'il leur (est) besoin.

87. *Avis des Conseillers de Paris*, sur l'appel interjeté par M. de Lacheny, contre M. de Morainvillier. S. d.

Biens assis ès baillages d'Amiens et de Péronne.

88. *Olivier Burault,* à M. de Humières. Hesdin, 25 octobre, sans année.

Bocquet, fermier d'Humières, a été emprisonné. Il envoie 200 liv.; il lui est dû beaucoup d'argent.

89. Lettre d'une dame qui signe « votre humble et obéissante cousine » (peut-être est-ce *Entragues*?) à M. d'Humières, chevalier de l'ordre, vers 1570.

Vos gens n'ont point retiré de mon avocat la ratification de M. d'Avaugour, laquelle je vous envoye, ensemble un acquit de luy de 451 liv. 1 s. 6 d., afin qu'il vous plaise me renvoyer le mien que vous avez de pareille somme... Je croy que Mademoyselle d'Entragues n'a point oublié, comme elle m'a dit, de vous faire entendre comment j'ai payé le dit S. d'Avaugour de la somme de 13,000 liv. tourn. de quoy j'ai son acquit que je voudrais bien que vous l'eussiez retiré en m'envoyant pareille somme, *car je me suis beaucoup endettée pour le mariage de ma fille* et pour ce que j'ai advancé pour vous (cette somme) ou autrement ledit accord ne se fut fait... Et pour acquitter la promesse que m'en a faicte M. de Bayeux et Mlle d'Entragues, je m'attends que vous n'en ferez plus de longueur, salluant humblemeut vos bonnes graces et de madame de Humières, à Paris.

1604

90. *Le Roi* a choisi Emmanuel Thibault, Frédériq Charmolue et Pierre Barbe, pour gouverneurs et attournez de la ville de Compiengne, dans le nombre des 6 nommés à cet effet et a ordonné au sieur de Palaiseau, gouverneur, de recevoir leur serment. 1er juillet 1604.

Federicq Charmolue avait eu	90	voix
Anthoine Crin	75	»
Simèon du Mont	69	»
Anthoine Charmolue	60	»
Emmanuel Thibault	63	»
Pierre Barbe	57	»

1615.

91. *Alart* [I], au vicomte de Brigueil. Compiengne, 9 juillet 1615.

Il doute que la Reine soit avertie de ce qui se trame. Des capitaines font des levées. M. du Meulx fait diligenter l'accommodation de la quantité nécessaire d'armés, arquebuses, etc. M. d'Elincourt a été à la conférence de Sédan.
M. le marquis (Concini ?) sera dimanche en cette ville.
Le vicomte de Brigueil, Louis de Crevant, mari de Jacqueline d'Humières.

92. *Alart* [II], à M. le vicomte de Brigueil à Paris. (Compiègne), 29 juillet 1615.

La conférence a commencé lundi sitost l'arrivée de M. de Villeroy, qui avait couché à Blérencourt. M. de Bouillon a fait doubte de s'approcher à Noïon. Madame la Princesse, mère et fille ont sollicité plusieurs.
Le capitaine St-Paul a esté en cette ville dimanche ; il étoit accompagné du sieur de Montigni qui est à M. de Longueville. Il prend sa réfection à l'hôtel de la Croix d'or.
M. de Villeroy arrivant, dit que le traité est désespéré et qu'il faut fermer les portes. Divisions entre ceux des villes et des champs, une grande partie des petits et des grands ayant altéré la bonne affection qu'ils souloient porter au bien du Roy et de son estat.

93. *Entreval,* à M. le vicomte de Brigueil. 2 octobre 1615.

Il raconte qu'il a veu Monseigneur le prince qui lui fit plusieurs questions. Il dit qu'il est seigneur utile de Pierrefons, où le roi a un château que tient M. le marquis de Cœuvre (d'Estrées). Sa maison étant au pied d'iceluy, cela l'obligeoit à n'avoir encore rien faict, du moins jusqu'à ce qu'iceluy se fust déclaré. Le prince me répondit que je n'étois des moins advisés et me demanda si je savais de quel parti étoit le marquis de Cœuvre.

Il va trouver Cœuvre à Laon, feignant lui demander une chambre au chasteau pour retirer ses meubles. Il le trouve accompagné de M. de La Tour Brumetel et plusieurs autres gentilshommes ; mais il choisit entr'autres La Tour et moi, et nous mena en son jardin et nous asseura qu'il ne seroit jamais autre que très fidèle serviteur du roi. Château-Thierry est en leur possession.

1616

94. *Seroux,* au vicomte de Brigueil, marquis de Monchy-Humières, capitaine des 100 gentilshommes de la maison du Roi, à Paris, rue de la Monnoie, au bout du Pont-Neuf. Compiègne, 8 septembre 1616.

La marquise d'Urfé est passée ici, venant de Soissons, et allant à sa maison de Mortemé, laquelle m'a dit que Monseigneur de Guise a été du jour d'avant-hier déclaré chef du parti des princes en la ville de Coucy. Le duc de Bouillon est allé en Allemagne, et par tous les pays ils ne laissent aucuns soldats. Madame d'Urfé m'a dit que M. de Mayenne a été adverty que l'on ne vouloit icy de garnison, lequel lui a donné charge de nous dire que nous n'en aurions point et qu'il n'entreprendroit sur nous en aucune sorte et que le traficq demeureroit libre. — Je luy ay faict réponse que nous suivrions la volonté et commandement du Roy.... On a fait couper et charier force fresnes de la forêt de Coucy pour faire eschelles et picques. Le cardinal de la Rochefoucault et M. de Chanvallon s'en vont trouver Messeigneurs les Princes de la part du Roy. « Je désirerois qu'il vous plût nous mander si désormais nous laisserons passer toutes sortes de courriers sans passe-port. Cela importe au service du Roy.

P. S. daté du 11 septembre 1616 :

Cette (lettre) m'a esté rendue par le porteur qui a esté vollé dans la forest. A toute heure ces Messieurs passent sans que nous puissions faire le service du Roy. Un gentilhomme de M. du Maine nous a tenu les memes paroles qu'à Madame la marquise d'Urfé et vouloit que je le fisse parler aux eschevins, ce que je n'ay voulu. Je luy ai dit qu'il ne falloit plus venir nous tenir ce langage.

Antoine Seroux, lieutenant du vicomte de Brigueil, à Compiègne. Il fut le dernier titulaire de cette charge et lors de sa suppression, on le nomma major de Compiègne. C'est chez lui que descendoit M. de Brigueil. Nous avons dans les comptes de la ville les menus des diners donnés à cette occasion. (My).

1617

95. *Longuet* [I], à M. le vicomte de Brigueil. De Paris, 4 mars 1617.

Il a retiré de M. de Brisacier, commis de M. de Richelieu, la commission des 60 chevaux-légers qu'on lui donne et l'a fait mettre au nom de M. d'Humière.... Je persuade aussi à Madame de demander à la Reyne 25 paires d'armes, comme Madame de La Frette et autres en ont eu de celles de l'arsenac, mais je crains qu'elle et M. d'Humière craignent de se rendre importuns. Il demande pour un fort galant homme une place d'un des 100 gentilzhommes vacante par la mort du sieur de Gaucourt, dont le fils, le sieur d'Argicourt, qui estoit prisonnier l'an passé à Compiègne, ne se soucie.

M. d'Humières est sans doute le fils de M. de Brigueil, Charles Hercule, tué au siège de Royan, en 1622.

96. *Longuet* [II], au vicomte de Brigueil. 7 août 1617.

Il a vu MM. de Richelieu, Barbin et de Loménie, peu disposés à répondre. Il n'est point besoin de cérémonies. Les plus advisez pensent qu'on ne sortira pas d'icy. On croyoit hier que M. le maréchal d'Ancre s'en alloit en Normandie, mais cela n'est asseuré aujourd'hui, ses mulets ayant esté chargez et deschargez. Hier, au soir, fut donné congé à la nourrice du Roy, à son mary et à sa fille, avec défense de ne plus se trouver à la Cour. Il s'y passa de grands pleurs, la cause en est secrete.

1622

97. *Madame de Chaulnes* (vidame d'Amiens), à
M. de Brigueil. Amiens, 16 septembre 1622.

> Remerciements. Sa fille est guérie ; elle a esté à l'extré-
> mité et si couverte de verolle qui ne ce pourroit plus. Dieu,
> par sa grace, l'a préservée et n'en sera gastée en nulle
> façon.

Madame de Chaulnes est sans doute Louise d'Ognies, fille
de Charles d'Ognies, comte de Chaulnes et d'Anne des Ursins,
dont la fille, née en 1606 (Charlotte-Eugénie d'Ailly), porta le
vidamé d'Amiens à Honoré d'Albert, duc de Chaulnes, pair et
maréchal. Elle l'épousa en 1619 et mourut le 17 septembre 1681.

1623

98. *Lévesque*, à M. le vicomte de Brigueil (sic), chevalier des ordres du Roy, Capitaine de 100 gentilzhommes de sa Maison, gouverneur de Compiengne, en son chateau de Monchy. De Paris,
14 août 1623.

> Ayant appris que M. de Bellingen (Beringhem) estoit en
> ceste ville, il est allé le trouver pour lui faire entendre la
> procédure de M. de Sorel, mais il étoit allé à Charenton ; il
> y retournera en attendant que Brigueil lui escrive ainsi
> qu'au connestable ce qui s'est passé.

1625

99. *Jonquière*, à M. le vicomte de Brigueil. De
Jonquière, 18 septembre 1625.

> Je serai bien mary d'entrer en procès contre qui que ce
> soit, mais bien rezolu de conserver mon droit qui est très
> clair... Je ne le puy mettre en compromis, il est très aizé
> à ceulx qui n'y ont rien.

Jonquières, localité près de Compiègne et de Monchy (canton
d'Estrées-Saint-Denis).

1628

100. *M. de la Vrillière* [I], à M. Bardin. Herbault, le
13 avril 1628.

> Lui envoie les vers du sieur Gomin. Il se rend à l'armée
> où il souhaite avec plus de passion recevoir la nouvelle de
> l'heureux accouchement de sa sœur que de la prise de la
> Rochelle. Je m'assure que vous arriverez assez à propos
> pour avoir part à la plus importante affaire de ce règne.

Bardin paraît avoir été d'abord l'intendant de M. de Brigueil
et depuis avoir occupé une position plus importante, il est
auteur de divers ouvrages : 1° du Lycée ; 2° du Tombeau de
Monseigneur de Mayenne. Saintes, Bichon, 1621, in-8. Voir
aussi n°ˢ 104, 106 et 155.

101. *Raymond Phelipeaux, Sʳ d'Herbault,* secrétaire d'État et beau-père de d'Humières, à M. d'Humières, premier gentilhomme de la Chambre du Roy.
Au camp devant la Rochelle, 9 aoust 1628.

Vous pouvez vous acheminer à 6 ou 7 lieues d'icy, en la
maison de l'ung de voz amys, où vous arresterez pour apprendre à qui arrivera de ceste flote (angloise), et, si elle paroist,
vous vous renderez icy pour estre de la partie. Vous y verrez
le Roy, comme si de rien n'estoit et, si on vous parle de quelque chose où vous ne vouldrez répondre, nous rejeterons cela
sur M. vostre père.

1629

102. *Boisleroy,* au baron de Cingé. Paris, 25 décembre 1629.

Lettre insignifiante.

103. *Cingay, le père,* à M. de Cingay, page de la
chambre du Roy. A Cingay, 30 décembre 1629.

> Votre mère et moy, nous vous renvoyons vostre laquet
> habillé... Voyez Monsieur et Madame d'Urffé, Monsieur et
> Mademoiselle de Loches... Vous estés à nécessité d'argent
> pour avoir chosses de castor et linge. Au jour de l'an le Roy
> vous donne tout sella (*sic*). J'écris à mon frère et le supplie
> vous donner ce qui sera nécessaire ; en attendant, je vous
> envoie deux pistoles. Considérés que l'argent est très dif-

ficile à recouvrer. Nous ne toucherons pas hun sou de 3 ans de nos greffes de Busansois.... Souvenez-vous toujours de le bien prier (Dieu) et de ne vous point débocher.

(La mère interrompt). Mon fils, je ne vous die rien autre chose que de vous recommander de bien bon cœur à Dieu et suplie la Vierge qu'elle conduise toute vos asions. Je suis vostre très bonne mère. *G. Prévost.*

Louis de Crévant, à qui cette lettre est adressée, fut tué en duel en 1632, étant encore page de la chambre du Roi.

1631

104. *J. Chamborant* [I], à M. (je crois que c'est Bardin). Strasbourg, 13 may 1631.

La pluspart tesmoignent une extrème envie de vous connoistre. Vostre livre divertit icy tous les jours plusieurs personnes et moy particulièrement qui essay à prendre ma part des bons préceptes que vous y avez mis. (Son frère est resté en arrière). — Nous marchions pour rejoindre l'armée de M. de Rohan près Brisac.

C'est Jacques de Chamborant, Seigneur de Chamblet, tué au siège de Corbie en 1636. L'abbé d'Obasine parle de sa mort au n° 107.

1634

105. *Guestin*, à Bonneau, bailly de Preuilly. 3 février 1634.

Demande de l'argent pour payer une dette du marquis d'Humières à M. du Verger.

106. *J. Chamborant* [II], à M. Bardin, à Monchy. Paris, 9 juin 1634.

Le bruit de la mort de l'Empereur est faux — M. de Rohan est icy. On lui veut donner quantité d'emplois pour le faire consentir au mariage de sa fille avec M. de la Meillerais. J'ay plus de desplaisir de la mauvaise opinion que vos filles ont de moy.

1636

107. *Frontenac*, abbé d'Obasine, à M. d'Humières. De Palluau, le 4 aoust 1636.

La Fontaine étant en ce pays, j'envoyai aux nouvelles, il m'affligea beaucoup quant il me dit que toute vostre famille estoit à Compiègne, hors vostre personne, père, mère, femme et enfans. Ils devroient estre en Touraine, je ne me consoleray jamais de ne pas estre avec vous.

Je n'ai pas si mauvaise opinion de nos affaires. J'ay toujours creu et par raison et par expérience que la France se peut diviser pour ses intérêts domestiques, mais elle se réunit où il y va de la réputation de ses Roys et de la seureté de leurs subjects. J'ay aussi merveilleuse confiance en Monseigneur le Comte. Cette grande naissance et cette valeur incomparable redonneront courage et vigueur à nos gens, et puis il y va du salut public.

Si Monsieur de Sardiny est dans l'armée et que vous le voyez, obligez-moi de l'asseurer que je l'honore avec passion, que je respecte sa vertu et souhaite son amitié. Je partirai la semaine prochaine pour Herbault. J'ai eu grande douleur de la mort de M. de Chamborant. J'y ay perdu un amy et prends part au desplaisir de MM. de la Clavière, etc.

Jacques de Chamborant dont on annonce ici la mort et dont ce recueil renferme deux lettres (nᵒˢ 104 et 106) étoit le fils de Pierre de Chamborant, seigneur de la Clavière. Il avoit deux frères : Etienne, gouverneur de Philipsbourg, le plus brillant de cette noble famille, et Claude, abbé d'Userstel, près Landau et bon soldat aussi.

108. *La Vrillière* [II], au marquis d'Humières, son beau-frère. De Paris, le 18 aoust 1636. L. a. s.

Il a lu au Cardinal sa lettre du 15 de ce mois; qu'il fasse travailler nuit et jour à la confection de la poudre. S'il ne peut se faire un régiment avec les personnes réfugiées dans Compiègne, qu'il prenne le meilleur pour remplir le régiment de Brézé. — Faire contribuer ceux qui ont moyen et qui sont inutiles, ou les chasser de la ville. Employer les 1,000 écus de M. de Chavigny à l'achat des armes, mais s'il veut les tirer de Paris, il est bien tard. (Très belle lettre).

109. *Ardier* (le président), à M. d'Humières. Beauregard, 2 octobre 1640.

Se plaint de sa santé et de celle de sa femme. Se félicite que Madame d'Humières aille mieux.

Tallemant des Réaux en a parlé. C'était le frère de Vineuil (Ardier de). (V. p. 79, note 2).

110. *Linières*, à M. d'Humières. Paris, 24 novembre 1640. — Cachet, un écu parti : au 1ᵉʳ coupé de... et des Ursins, au 2ᵉ, un lion.

J'espère que, quand vous serez las des plaisirs de la campagne, vous viendrés chercher ceux de Paris. Vous y avez de bonnes intelligences. M. de Vyneuil m'a dit qu'il vous informoit soigneusement de toutes choses.

Le Roy a acheté Brisac, et la Motte Houdancourt en sera gouverneur. On parle de faire des ducs et pairs, MM. les Maréchaux de Brézé, de la Meilleraie, de Chastillon. — M. le comte de Guiche, maréchal de France. — Mme de Guise n'a pu avoir permission de revenir en France, ni de renvoyer le corps de son mari ni de ses enfants... Gacyon (sic pour Gassion) s'est battu en duel contre Palluau, lieutenant des chevaux-légers de Son Eminence. Ruvigny servoit Palluau qui (eut?) avantage sur l'escuyer de Gassion et a esté séparer les autres. Palluau étoit un peu blessé au bras, mais avoit porté l'austre par terre. Voila une assez longue lettre pour une personne qui a peut-être envie d'aller courre un chevreuil vers la Rocheposé, ou vers la Guerche. J'espère que vous viendrez cet hyver à Paris et que, ne ramenant pas madame votre fame, comme l'on dit, vous prendriez logis au faubourg Saint-Germain (1), tant à cause de plusieurs de vos amys qui y sont logez qu'à cause des beaux sermons qu'il y aura ce carème à Saint-André ; et que de plus il y a une douzaine des plus jolies fames de France qui sont logées en ce quartier et qui ne sont point des demoiselles crottées, toutes plus que (nobles ?) et telles que vous les demandez.

1642.

111. *Chantemesle d'Entragues*, à son cousin M. d'Humières. Malesherbes, ce 2 ... 1642.

Estant en ceste maison, à son retour de Saumur, un homme lui a dit la perte que M. d'Humières avait faite. Il n'y a que Dieu qui puisse soulager sa peine.

Il s'agit de la mort de madame d'Humières, née Phelippeaux. (Voir nᵒˢ 112, 113, 114 et 115).

112. *Le duc de Sully*, à M. le marquis d'Humières. Paris (1642). Cachet armorié.

Condoléances sur la mort de sa femme. S'il n'estoit obligé d'attendre M. de Lesdignières qui doit passer par Sully, il l'auroit été voir.

____

(1) Chez M. de Liencourt? v. nᵒ 118.

113. *Phelipeaux*, au marquis d'Humières. Paris, 3 novembre 1642. Lettre cachetée de rouge, avec lacs de soie tannée.

Ayant l'honneur d'être ce que je suis à la défunte...
Lettre d'un Phelippeaux relative à la mort de madame d'Hu·mières.

114. *Léonor d'Estampes*, archevêque de Reims, à M. d'Humières. 29 novembre 1642.

Compliments de condoléance au sujet de la mort de sa femme.

115. *Béthune* (comte de Selle?), à M d'Humières. Selle, 4 décembre 1642.

Lettre de condoléance.

116. *Le maréchal de Guébriant*, à M. le marquis d'Hu mières. Brisach, le 27 may 1643. L. aut. sig. petit cachet, avec bâtons de maréchal.

Il profite du retour de madame de Guébriant, pour le remercier de son souvenir.

117. *Fontenay*, à M. le marquis d'Humières. Rome, 23 juillet 1643.

Il est presqu'impossible d'obtenir l'expédition gratuite des bulles pour l'abbaye donnée à son fils.
François du Val, marquis de Fontenay-Mareuil, auteur des mémoires.

118. *M. de Linières* [II], à M. d'Humières. Ce 9 décembre (1643.)

Je vous envoie une lettre de M. de Liencourt ou vous apprendrez la joie qu'il a eue de vostre souvenir. « Il vous offre un appartement en son logis. Vous savés la triste nouvelle de la mort du maréchal de Guébriant. Après sa mort, le duc Charles a attaqué le quartier du Roy, pris 23 pièces de canon ; le reste de l'artillerie en fuite. Rapseau (Rantzau) pris » : Syrop (Claude Letouf ?) emp. (*sic*) les marquis de Vitry, Nermoutiers, Maugeron, tous les officiers des 3 compagnies du régiment des gardes ; tous les bagages (pris ?) ; tout cela arrivé sans combattre. — M. de Marsillac a 18,000 liv. de

pension du Roy et de la Reyne. On ne parle plus du pauvre
M. de Beaufort. Assurez MM. de Béthune et de Montrésor
de la passion que M. de Liencourt a de les servir.

118 bis. *La Clavière*, à M. (d'Humières). Au camp
devant Fribourg, le 6 aout 1644.

P. A. a joint le maréchal de Turenne et tous deux ont
attaqué les ennemis. Ils y ont perdu Gaspard de Mercy,
frère du général Jean de Vert, blessé aux machoires. Le
vicomte de Lamet y a été blessé de 2 coups, l'un luy rompit
un poulle, l'autre la peau du ventre, sans entrer. M. le duc
a eu tous ceux de sa maisen presque tués ou blessés auprès
de luy.

C'est sans doute ce vicomte de Lamet dont le cardinal de
Retz parle dans ses Mémoires, comme d'un parent et d'un ami
intime, qui l'accompagna dans plusieurs actions périlleuses.
(P. 126, 252, 296 et 301).

1644

119. *M. de Linières*, à M. le marquis d'Humières.
Du camp de Gravelines, le 7 août 1644.

M. d'Elbeuf est arrivé, mais sans ses troupes. On dit
qu'on pourra bien envoyer des nostres secourir les Hollan-
dois qui ont assiégé le Sas de Gand.

120. *A. de Buade-Frontenac* (dame de Saint-Luc), à
son oncle M. d'Humières. 26 septembre 1644.

Comme elle sait que son oncle d'Obasine est près de lui et
qu'il lui montrera sa lettre, elle ne lui parle point de l'affaire
de M. de Saint-Luc, sinon que M. le cardinal lui a dit qu'il
reconnaitroit s'il avoit du pouvoir. Comme tout le monde
sait qu'il en a beaucoup, l'affaire est sûre.

Anne de Buade, fille d'Henry de Buade, comte de Palluau,
marquis de Frontenac et d'Anne Phelippeaux, mariée en 1643 à
François d'Espinay, comte de Saint-Luc, chevalier des ordres,
lieutenant général en Guyenne et gouverneur de Périgord, mort
en 1670. Elle mourut le 6 janvier 1665.

121. *M. de Saint-Luc*, à M. d'Humières, à Stade (?
13 novembre 1644.

Il s'excuse de ne pas lui avoir écrit plustôt au sujet de
son indisposition.
Mari de l'auteur de la lettre précédente.

122. *Frontenac* à son oncle d'Humières. Lisle, 30 décembre 1644.

Il profite de la lettre de M. d'Obasine, pour assurer son oncle de son dévouement.

Louis de Buade, comte de Frontenac, filleul de Louis XIII, époux de la belle mademoiselle de la Grange (citée dans les Mémoires de Mademoiselle et dans Tallemant), gouverneur du Canada, né en 1620 mort en 1698. (Voir l'introduction).

1645

123. *Frontenac* [II], à son oncle d'Humières, au camp devant Rose, le 24 avril 1645.

Nouvelles militaires. Le petit Menou...

124. *Frontenac* [III], à son oncle d'Humières, au camp devant Rose. Juin 1645. Cachet, 3 serres d'oiseau.

La maladie de M. d'Obasine (Frontenac) lui a donné beaucoup d'inquiétude. Le bon air d'Auteuil lui fera recouvrer entièrement ses forces. La prise de Roses et le bruit de notre retour en Italie lui fait penser qu'il pourra s'approcher du Limousin. La prise de Roses livre la Catalogne à la France.

125. *Huxelles* [I], à M. d'Humières. Saint-Dizier, le 25 aoust 1645.

Il ne seroit pas juste que le pays froid où je vais entrer diminuast la chaleur que jay pour cette belle marquise de Nangy et comme les lettres ne peuvent plus si bien exprimer la passion qu'un si bon procureur comme vous, à qui je m'adresse vous suppliant, devant que de partir, luy bien bailler cette impression afin que mon absence ni la votre ne puisse rien altérer en cette affaire. J'espère que cette commission vous sera agréable.

Ce d'Huxelles, car il n'y en a qu'un de possible, puisque celui que je vais désigner n'avoit pas de frère et que son père étoit mort en 1629, est Louis Chalon du Blé, marquis d'Huxelles, né le 25 décembre 1619. Très brave et très connu, il fut tué au siège de Gravelines, le 9 août 1658. Veuf de Gabrielle de la Grange, qu'il avoit épousée en 1664, il épousa par contrat du 26 octobre 1645 cette belle marquise de Naugis, dont il parle dans cette lettre et qui va figurer sous le n° 145 de cette collection.

126. *M. de Cingay* [I] (Crevant de Cingé), à son neveu M. d'Humières. Cingay, 20 novembre 1645.

Dès qu'il a reçu la lettre de M. d'Humières adressée à son père et a lui, il l'a envoyé à sa femme à Blois; si elle ne peut trouver une occasion plus proche de faire passer l'argent, elle le remettra à M. de Rochefort qui doit être à Paris mardi prochain. Elle témoigne la bonne envie qu'elle a de sortir son fils de cette malheureuse affaire et, si M. de Lobardemont *(sic)* a voulu traiter, d'accorder; la somme qu'il demande est assez de considération pour attendre quelques jours. Je vous en escri par M. de Rochefort ce qui s'est passé de M. de Laviledieu et de ma figle (sic fille). Ils sont à séte ure (heure) dans leur maison. Dieu veuille que cela continue.

127. *Cingay* [II], à son neveu M. d'Humières à Paris. D'Azay, 29 novembre 1645.

Il parle de l'avarice de sa femme et de la facheuse position où est son fils et dont il voudrait le tirer.

1646.

128. *Frontenac* [IV], à son oncle d'Humières.—Toulon, 22 avril 1646.

Fragment de lettre. Il se plaint d'un capitaine qui lui a désobéi et demande qu'il soit puni. Il ne peut faire sa charge, si on ne lui obéit pas; se recommande à Monthrésor, il tachera de le faire passer pour présent à toutes les revues.

129. *Huxelles* [II], à son oncle d'Humières. En rade de Savone, le 2 may 1646.

Le prince Thomas s'embarque aujourd'hui sur l'Amiral et donne l'espérance d'une prompte descente.

130. *Frontenac* [V], à M. d'Humières, son oncle. De la Tour de la Nasse, le 11 may 1646.

Ils ont débarqué après avoir pris deux forts, Palencon et la tour de la Nasse. Ils vont investir Orbitello. S'il avoit pu trouver du papier, il auroit écrit à Saint-Luc et à ses sœurs. Ses excuses à M. de Bellinguen. Le marquis d'Huxelles auroit écrit s'il avoit trouvé de quoy.

131. *Béringhen*, à M. d'Humières. S. l. 24 mai 1646.

Demain, Monsieur part pour aller à Amiens et nous lundi, pour y arriver mardi. Nous ne savons pas si on passera outre ; il s'en parle. Je viens de Monchy avec M. Germin, le commandeur de Jars et M. du Boulé. Il vient demain un secretaire d'Estat du róy d'Angleterre, nommé Digbi. M. de Souvré et moy, prendrons la liberté de lui faire donner une chambre dans vostre logis. Je vous envoie des lettres pour M. vostre fils.

Tout semble indiquer que cette lettre est datée de Compiègne où Louis XIV s'est trouvé le 12 mai et jours suivants. De plus, le logis, dont il est question, doit être l'habitation de M. d'Humières à Compiègne. (My).

132. *Frontenac* [VI], à son oncle d'Humières. Du camp devant Orbitello, le 27 may 1646.

Il lui envoie une relation du siège (elle n'y est pas). Il lui demande quelque copie des lettres que M. de Béthune lui écrit. Ils ont beaucoup de malades et, après la prise d'Orbitello, on ne pourra rien entreprendre. Si cela est, on nous renvoiera nous rafreschir en France et je ne ne désespère pas de courre quelques cerfs.

133. *Le jeune d'Humières*, depuis le maréchal [I], à son père. Calais, 11 juin (1646).

Il attend un vaisseau de guerre. Il a rencontré M. d'Estrades à Lusarche. Il alloit à Paris donner ordre à son équipage. Je crois que vous trouvés bon que je me mette tout à fait avec luy. Je laisserai pourtant cela à la disposition de M. de la Tuillerie.

134. *Frontenac* [VII], à son oncle d'Humières. Du camp devant Orbitello, le 25 juin 1646.

Le siège n'avance pas ; les ennemis ont brulé notre pont pour la troisième fois. Le marquis d'Huxelles, qui estoit de garde, a eu une balle dans son chapeau et une dans sa botte. Son valet de chambre a été tué à côté de luy. Relation intéressante de combats. — Il blame l'incapacité des généraux. Villongnon, mort de maladie ; c'eut été un joli garçon.

135. *D'Humières* (depuis le maréchal) [II], à son père. De la Haye, le 25 juin (1646).

Lui annonce l'assassinat du pauvre M. de Lespiné par le prince Philippe, cadet des Palatins. L'on n'a jamais vu une personne plus digne de commisération que la reine de Bohème, puisqu'il ne restoit plus à sa maison que l'honneur

que cet infâme a perdu. — Le prie de remercier M. d'Her(Ar)
mainvilliers; sans la lettre de mon cousin de la Clavière,
je crois que nous eussions esté à l'aumône de M. de Vuic-
fort estant un très honnête homme. Pour Coppin, il n'est
pas des plus valables et en fort peu de crédit.

Je crois que c'est Wicquefort, auteur du livre intitulé *l'Ambassadeur*; il étoit alors ambassadeur du Roi en Hollande.

136. *Des Minières* [I], à M. d'Humières. De La Haye, 25 juin 1646.

Son fils ira avec l'ambassadeur à Breda, visiter S. A. Il
pourra voir Amstredam, Utrec, Leide, Erlem (*sic*). M. d'Estrades a témoigné beaucoup de bonté à son fils; mais, M.
d'Armainvilliers lui en a donné des marques tout extraordinaires. Il a pris la peine de lui choisir un cheval qui est bon
et à bon marché. Sans M. de Vicfort et la lettre de M. de la
Clavière, M. vostre fils auroit esté en grande peine et ré-
duit, dans son commencement de campagne, à l'emprunt, le
correspondant de Copin n'ayant pas voulu acquitter sa lettre
de change, ni mesme donner 500 liv.

M. vostre filz a promis audit M. de Vicfort que vous ac-
quitteriez son billet, aussitôt que vous l'aurez reçu et en
belle monnaie. Dans deux mois, vous pourrez vous servir
de la mesme voie. Je ne croy pas qu'il en aye pour d'avantage, quand on aura payé les chevaux, dont le plus cher ne
coutera pas 250 liv. et tout ce qu'il a fallu acheter..... La
dépense de bouche de M. vostre fils et de sa suite et son
logement se montent à bien près de 100 liv. la semaine. Le
change est à 25 0/0. Les plus raisonnables ne prennent que
22. Si on avoit apporté des escus d'or, on auroit bien espar-
gné; ils valent 4 liv. 12 s. et les pistoles 8 liv. 10 s.

Je vous envoie la funeste relation de l'horrible assassinat
de M. de Lespinay (voir lettre N° 135). M. vostre fils en a
été très sensiblement touché. Ils s'estoient promis grande
amitié tous deux. Le prince d'Orange et le prince Guillaume
son fils en sont extraordinairement plaints. La reine
de Bohème l'est au dernier point. Le prince Guillaume est
à présent aussi au désespoir d'avoir fait cette action.

137. *Huxelles* [III], à M. d'Humières, son oncle. Du camp d'Orbitello, 3 juillet 1646.

Nouvelles militaires.

138. *Humières* (depuis le Maréchal) [III], à son père. Au Sas de Gand, 20 juillet (1646.)

Jolie lettre. Le prince d'Orange n'a aucune partie de son
corps saine, hors le cœur qui est toujours si grand qu'on eut

toutes les peines du monde à l'empescher de partir le lendemain.

139. *Huxelles* [IV], à M. d'Humières, son oncle. Au camp de Talamon, le 22 juillet 1646, cachet 3 chevrons.

J'ay bien a vous remercier de votre seule et unique de vo[s] lettres que j'aie reçu il y a quelques jours et de la Gazette qui a diverti notre pauvre blessé (Frontenac ?). Pour moy, dans l'état misérable où je suis, il me faudroit bien des divertissements pour m'apporter de la joie. — Ils ont battu en retraite sur l'ordre du prince Thomas, jusqu'ici où ils vont s'embarquer pour le Piémont.

140. *Humières* (depuis le maréchal) [IV], à son père. Au Sas de Gand, le 24 juillet (1646).

Se plaint d'être sans nouvelles. Je sais bien que ce ne vous est pas une petite courvée d'escrire. M. le maréchal de Gramont est arrivé avec une armée de 6,000 hommes. Nous allons ensemble faire un siège et partons demain.

141. *Des Minières* [II], à M. d'Humières. Au Sas de Gand, le 24 juillet 1646, cachets cassés.

Il est inquiet de ne ne pas avoir de ses nouvelles, mais il pense qu'il est à Fontainebleau. Son fils est en parfaite santé et continue de mieux en mieux sa façon de vivre. Le 19, le maréchal de Gramont est venu joindre l'armée de MM. des Estats. M. votre fils en fût très bien reçu, comme aussi de M. de Chastillon, maréchal de camp de cette petite armée. On croit qu'on va à Anvers. — M. de la Thuillerie s'en retourne.

M. d'Estrades m'a offert pour M. votre fils les courtoisies qu'il recevait de M. l'ambassadeur qui estoient très grandes; il le nourrissoit et logeoit comme son fils, sans s'en pouvoir défendre.

142. *Des Minières* [III], à M. d'Humières. A une lieue de Vultz, le 14 août 1646.

Il croyoit ne plus avoir à lui écrire, son fils ayant quitté l'armée de Hollande pour suivre le maréchal de Gramont qui s'en est séparé pour repasser à Courtray et de là joindre M. d'Orléans, mais il a dû revenir sur ses pas. Il continue de plus en plus à bien traiter M. votre fils; il lui a témoigné de la reconnaissance qu'il l'ait suivi. Assurément, il a besoin de braves gens auprès de luy. — Vous devez être satisfait de sa campagne. Il s'est fait un petit siège d'un chateau qui a duré 24 heures, où il a fait voir qu'il estoit de bonne façon à la tranchée... Je n'ay point veu de siège où il fit plus chaud, ny où l'on fût plus à découvert. Il y a eu 150 soldats et 4 officiers tués ou blessés. MM. d'Estrades, d'Armainvilliers, de Chastillon, de Chemerault lui ont fait des offres de service, un matelas, etc.

Lettre curieuse pour les débuts du maréchal d'Humières, alors agé de dix-huit ans.

143. *Humières* (depuis le Maréchal) [V], à son père. Au camp de Lochson (Loxum), sans date.

J'ay esté tellement surpris de la malheureuse nouvelle de *la perte de mon cousin Frontenac* que j'en seray en toutes les peines du monde jusqu'a ce que j'en aie appris des nouvelles certaines par vos lettres. — Demande des nouvelles de la santé de son père et de celles de son frère l'abbé qui lui donne une extrême inquiétude. Il sont à Lochson, gros bourg entre Gand et Anvers.

Cette lettre doit être écrite très peu de temps après le n° 140.

144. .... (nom déchiré). Cachet. Armes écartelées : Au 1 et 4 de la Vieuville, aux 2 et 3 de vair (?), sur le tout sept losanges, posés 3,3 et 1. A Monsieur le marquis d'Humières. Au camp de Mardic, le 23 août 1646.

Lettre tachée et déchirée. Condoléances de la blessure de M. de Frontenac et de la mort de M. de la Rocheguyon.

145. *Marie de Bailleul, marquise d'Huxelles,* à M. d'Humières. Cormatin, terre des d'Huxelles, les 12 octobre et 2 novembre 1646. — Lettre autographe signée.

Vous nous faites connoitre par votre silence que votre solitude est si agréable que ce seroit vous desplaire que de vous en destourner par une mauvaise lettre comme la mienne.... Je croy m'en aller à Paris au commencement du mois de novembre.... Elle l'assure de la passion avec laquelle elle est sa très humble et très obéissante niepce et servante.

Le compte de Montrevel et le marquis de Saint-Martin sont icy où nous nous divertissons assez bien. Nous faisons la guerre aux chevreuils tous les jours.

Elle lui envoie cette lettre (la précédente, du 12 octobre), quoique un peu vieille, n'ayant pas le temps d'en faire une autre. Excusés donc sa veillesse et son peu d'éloquence. Je ne vous ferois pas un tel compliment si je ne connoissois

votre naturel un peu moqueux. Je pars pour Paris dans six
jours et y serai logée admirablement. Voila tout ce je
vous puis dire et que j'ay bien du desplaisir de tous ces
pauvres gens qui sont morts en Flandre. A Cormatin, ce
2 novembre.

Marie de Bailleul, fille du surintendant de Bailleul, fut mère
du maréchal d'Huxelles et d'un fils ainé, né le 29 août 1648 et
mort à Candie en 1669. Elle mourut le 29 avril 1712, âgée de
86 ans.

146. *De Borstel*, à M. le Marquis d'Humières. 8 août, sans lieu ni année.

Je ne suis plus de Picardie et ne perds pas l'espérance
d'habiter en Touraine un jour. La liberté m'ayant esté
rendue tout entière, je ne la veux engager désormais qu'auprès de vous. Ayant bien eu le pouvoir de rompre l'un des
plus indissolubles liens, ce désir sera capable de vaincre
tout autre obstacle. L'excellent M. d'Esvry pourra vous dire
le surplus, etc.

Ce Borstel, gentilhomme de la légation du prince d'Anhalt
étoit un ami de la célèbre Madame des Loges et on a imprimé
des lettres de lui dans le Tallemant de P. Paris. Cette lettre nous
apprend ce que je n'ai pas vu dans Tallemant, c'est-à-dire
que son mariage fut rompu.

147. *H. de Béthune*, [II], à son très fidèle amy, M. le Marquis d'Humières, à Azay. De Paris, le 28 octobre (1646).

Les choses s'adoucissent pour M. de Montrésor, ayant
obtenu permission de parler au Fiat, son valet, que vous
connaissez. Mort du Prince d'Espagne (1). Je vous envoie la
copie d'une lettre de la Reine de Suède, dont M. le Duc
d'Anguien m'a envoyé l'original par M. de Miossens,
comme une chose curieuse.

Je sors d'un grand diner chez M. le duc de Rouanois, où
estoient priés M. le comte d'Harcourt, MM. les ducs de
Brissac, de Boisdauphin, de la Vieville, les deux frères
de la Case, de Ronville, de Mata, d'Avaugour, de Vardes,
d'Amilly, mon neveu d'Estrées et moy, qui m'ont tous
chargé, me séparant d'eux pour vous venir escrire, de vous
asseurer, etc.

M. le marquis de Bourdeilles a la jaunisse.

C'est Hippolyte de Béthune, comte de Selle, le même qui
a donné au Roi la fameuse collection de Béthune, où est la

---

(1) Balthazar C. D. P. V. Luc, fils de Philippe IV, mort en 1646. —
La détention de Montrésor est aussi de 1646.

belle correspondance des d'Humières, avec François Ier, etc. Il étoit né à Rome en 1603 et mourut le 24 septembre 1665. Sa sœur Marie, morte en 1628, à 26 ans, avoit épousé François Annibal d'Estrées, depuis duc, pair et maréchal de France.

LETTRES SANS DATE DU DIX-SEPTIÈME SIÈCLE.

148. *Villongnon*, au Vicomte de Brigueil.

Sur les chevaux, les palfreniers, etc.
Villongnon étoit l'écuyer de M. de Brigueil. Frontenac annonce sa mort dans la lettre n° 134.

149. *Madame de Montmorency*, s. d.

C'est une des copies de la lettre écrite après le supplice de son mari, qui circuloient alors.

150. *Henry de Lorraine* [I], à M. d'Humières. Sans lieu ni date.

Le remercie de lui avoir presté des chiens. Nous avons pris force chevreux avec un extrême plaisir. Je les eusse garday d'avantage, n'eust esté que la misère de mes chevaux m'a obligé de les faire herber tous, afin de m'en pouvoir servir à l'arrivée de mes chiens, lesquels je mènerai bientost à Ourscamp.
Je vois cinq Henri de Lorraine existant à notre époque : 1° le marquis de Moy, que Ligneville a cité comme grand chasseur. 2° Le fameux duc de Guise, de Naples, dans les ordres jusqu'en 1640 et *abbé d'Ourscamp*, en même temps que de beaucoup d'autres abbayes. 3° le duc de Mayenne, tué à Montauban, en 1621. 4° Un deuxième fils de Charles, duc d'Elbeuf, abbé d'Hombières, en Picardie. 5° Henri, comte d'Harcourt, 1601-1666.
Le duc de Guise étoit alors abbé d'Ourscamp cité dans cette lettre et il me semble que cette lettre et la suivante doivent lui être sûrement attribuées.

151. *Henri de Lorraine* [II], à M. d'Humières, à Humières.

Compliments.

152. *Le chevalier de Fiesque*, à son frère..... Malte, le jour de la Saint-Jehan (pas d'année).

Lettre autographe signée, très spirituelle. Nostre religion est plus combattue de la beauté des Grecques que de la force des Turcs. Leur beauté fait plus *suer* que *brûler* et la cruauté des dames de France ne fait pas tant souffrir que la facilité de celles de ce pays.

C'est sans doute Jean-Louis de Fiesque, chevalier de Malte, tué au siège de Mardick, le 13 août 1646, fils de François, comte de Lavagne et de Bressuire et d'Anne le Veneur (mariée en 1609), dame d'atours de Madame la duchesse d'Orléans et gouvernante de Mademoiselle. Son frère étoit Charles-Léon, comte de Fiesque, marié en 1643 à Gillonne de Harcourt. Il avoit aussi un beau-frère, le marquis de Bréauté, mort en 1640 et un autre frère abbé de Lonlay.

153. *Renaud de Pons*, à M. d'Humières. Sans lieu ni date.

Compliments et ceux de M. de la Caze.

154. *Isabelle de Crevant*, dite de Saint-Benoît, religieuse à Jouarre, à son père, M. le marquis d'Humières, à Paris. — Sans lieu ni date.

Elle le remercie du soin qu'il a eu d'elle, pendant sa maladie. Sa santé s'est rétablie dès qu'elle a eu reçu le saint habit de religion ; parle de sa joie, l'appelle mon bon papa et le prie de la venir voir. Sa sœur le supplie aussi de les venir voir.

Elle fut nommée en 1671, abbesse de Monchy-le-Pierreux, puis de Marquette, près Lille, en 1684. (Voir vie de Madame d'Humières (Anne-Louise de Crevant) abbesse et réformatrice de Monchy. Paris, Estienne, 1711, in. 8.

155. *Le vicomte de Brigueil* (père du marquis d'Humières), à M. Bardin. Le 6 juin, lundi au soir.

Il a reçu ses lettres et est en peine de n'en pas avoir de M. d'Herbaut (Phelippeaux). Il lui demande de faire en sorte qu'il ait des lettres du roi, lui commandant de se défaire du prieuré de No...., sans qu'on sache qu'il l'a désiré et demandé. M. de Bobers, — le chevalier de Boismorant. — Il envoie à son cousin de Valory des lettres de son père. Signe : votre plus affectionné et meilleur amy.

FIN.

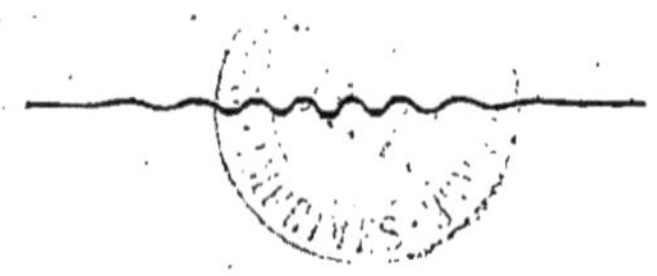

TABLE DES NOMS D'HOMMES

CONTENUS

DANS LA CORRESPONDANCE DES D'HUMIÈRES

Les chiffres correspondent aux lettres. Ceux compactes indiquent les noms des auteurs des lettres ; les romains ceux des personnages seulement cités.

Acigné (Jehan d'), **52**.
Alart, **91**, **92**.
Alençon (le duc d'), 67.
Amaury (G.), **47**, **48**.
Amilly, 147.
Ancre (d'), 92, 96.
Ancre (les maieur et échevins d'), **32**.
Annebaut (l'amiral d'), **25**.
Arces (Charlotte d') marquise d'Humières, **36**, **37**.
Arces (Jean d'), 37.
Ardier (le président), **109**.
Argicourt (d'), 95.
Armainvilliers, 135, 136, 142.
Aubigny (d'), 8.
Aumale (le duc d'), 27.
Avalos (Alponse d'), **2**.
Avaugour (d'), 89, 147.

Barbe (Pierre) 90.
Barbin, 96.
Bardin, 100, 104, 106.
Bartes (des), **22**.
Bastye (de la), 37.
Baulde, voy. Formeries.
Bayeux (l'évêque de), voy. Ch. d'Humières.
Beaufort, 118.
Beaurepaire (Jean) **62**.
Beauvais (voy. Fumée).
Becherens, 31.
Beillet, 34.
Belin (Mlle de), 48.
Belingier (le comte), 19, 20.

Bennes-Costa (de), 18.
Béringhen d'Armainvilliers, 98, 130, **131**.
Bermas, 86.
Berny (de), 68.
Bertin (Antoine de), **45**.
Bessée (G. de la), **1**.
Béthune-Selle, **115**, 118, 132, **147**.
Béthune-Sully, **112**.
Biez (du), 10.
Billy, 30.
Birague (le chancelier de), 77.
Biron, 61.
Blanche, 24.
Blérancourt, 10.
Blocquel, **72**.
Bochetel, 27.
Bocquet, 88.
Bohême (la reine de), 135, 136.
Bois-Dauphin, 147.
Bois-le-Roy, **102**.
Bois-Morant, 155.
Bonneau, 105.
Bonnivet, **58**, **64**, 65, **67**, **73**, **77**.
Borstel, **146**.
Bottières, 8, 22.
Boubers, 155.
Bouillon (le duc de), 92, 94.
Boulé (du), 131.
Boulle, 56.
Bourdeilles, 147.
Bourg (Antoine du), **11**, **14**, **16** bis.
Boysi (Cl. Gouffier de), 28.

Bray (de) 68.
Brebant, **79.**
Breton de Villandry, **17, 20,**
  21, 23.
Breulx, 31.
Brevannes, 56.
Brezé, 110.
Briges, 47.
Brigueil, 98, **155.**
Brisacier, 95.
Brise, 86.
Brissac (le duc de), 147
Brosse (de), **73.**
Bruiant (Jean), **74.**
Brumetel (la Tour) 93.
Bruyant, 25.
Bucquet, **72.**
Buignicourt, 31.
Burault, **88.**
Busy. 34.

Canaples, 7.
Case (la), 147.
Castelnau, voy. Mauvissière.
Caumont, **85, 86.**
Chamborant, **104, 106,** 107.
Chantemesle d'Entragues, **111.**
Chanvallon, 94.
Charmolue, 90.
Chastillon (Coligny), **35.**
Chastillon (le cardinal de) 29,
  42.
Chastillon, 110, 141, 142.
Chattes, 61.
Chaulnes, **97.**
Chavigny, 108.
Chemal, **40, 56.**
Chemerault, 142.
Cingay, ou Cingé, 102, **103, 127.**
Clairmont (Francisque de), 24.
Clavière (Chamborant de la),
  107, **118** bis, 135, 136.
Clouet, 52, 53.
Cœuvres (le marquis de), 93,
  147.
Coignet, 27.
Compiengne (de), **26.**
Conty (François de) 65.
Coppin, 135, 136.
Corbie (François de), **60, 64.**

Cornet, **66.**
Corret, **59.**
Cossé, 48.
Costa, voy. Bennes.
Costerel, 30.
Cousin (Pierre), 72.
Créquy, **7, 81.**
Crevant (Isabelle de), **154.**
Crèvecœur, voy. Bonnivet.
Crin (Antoine), 90.

Decourt, **62.**
Delaunay (Claude), **49, 53.**
Depesieu, **18.**
Desbordes, 55.
Desprez (Antoine) **69.**
Digby, 131.
Disque, 81.
Dumont, **69.**
Dupuy, 61.

Elbœuf, 119.
Elincourt, **91.**
Encre, voy. Ancre.
Enghien (le duc d'), 147.
Entragues (d') **71, 89.**
Entreval, **93.**
Essay (Montalembert d'), 25.
Estampes (Léonor d'), **114.**
Estourmel (d'), 14, 67.
Estrades (d'), 133, 136, 141,
  142.
Estrées, voy. Cœuvres.
Esvry (d'), 146.

Fiesque (le chev. de), **152.**
Fontaine (la), 107.
Fontenay, 61.
Fontenay-Mareuil, **117.**
Formeries (Jehan de) dit Baul-
  de, 45.
Frette (la), 95.
Frontenac, **122, 123, 124, 128,**
  130, 132, 134, 139, 144.
Frontenac (Anne de) dame de
  Saint-Luc, **120.**
Frontenac (Albert d'Obasine),
  107, 120, 122, 124.
Fumée (Nic.), **84.**
Furstemberg, 9, 10.

Gaillard, 25.
Gallamet, 47.
Garrigue, (la), 51.
Gassion, 110.
Gast (le marquis du) voy. Avalos.
Gaucourt, 95.
Germin, 131.
Gomin, 100.
Gordes, 31.
Gouffier, voy. Bonnivet, Boysi et Crevecœur.
Gramont (lemaréchal de), 140, 141, 142.
Graut ou Grout, 38.
Griffonyn, 4, 15, 16.
Guébriant, 116, 118.
Guestin, 105.
Guiche, 110.
Guillaume (le comte), voy. Furstemberg.
Guillaume (le prince), 136.
Guillot, 86.
Guise, 27, 46, 60, 94, 110.

Harcourt (d'), 147.
Haussy (de), 57.
Hennegrave, 70.
Hennique, 66.
Henri III, roi de France, 63.
Henri IV, 90.
Herbault, 101.
Honcourt (de) 4.
Humières (Ch. d') évêque de Bayeux, 27, 29, 31.
Humières (le futur maréchal d'), 133, 135, 138, 140, 143.
Humières, voy. Arces.
Huxelles (d'), 125, 130, 134, 137, 139, 145.

Jacob (Jehan), 43, 48.
Jars (le commandeur de), 131.
Jarzé, 49.
Jonquières, 99.
Joué (le sieur de), 42.

Lacaille, 131.
Lacheny, 87.

Lacroix, 5.
Lalande (de), 6.
Lamet (Jacques de), 15, 16.
Lamet (le vicomte de), 118 bis.
Langey, 23.
Lansac, 50.
Laroche (de), 81.
Laubardemont, 126.
Laubespine, 27.
Laval, 12.
Lelièvre, 54, 55.
Lelyo (ou Lelir), 1.
Lerouge, 76.
Leroy, 75
Lesdiguières, 112.
Lespinay, 135, 136.
Letouf, 118.
Lévesque, 98.
Lezigny, 23.
Liancourt, 118.
Linières, 60, 110, 118, 119.
Loches, 103.
Lomenie, 96.
Longuet, 95, 96.
Longueville, 92.
Lonvillier, 34.
Lorraine (Henri de), 150, 151.

Maignant, 76.
Maillart, 38.
Maine (du), 94.
Marchand, 76.
Marcillac, 118.
Marivaulx, 11, 16 bis.
Martin (Jehan), 46.
Mata, 147.
Matignon, 19.
Maugeron, 118.
Maulevrier, 55.
Mauvissière, 44, 73.
Mayenne, 94.
Meilleraye (la), 106, 110.
Menou, 123.
Mercy, 118 bis.
Meux (du), 191.
Minières (des), 136, 141, 142.
Miossens, 147.
Montalembert, voy. Essay.
Montigny, 92.
Montmorency, 60, 149.

Montonviller, **75**.
Montpensier, 60.
Montravel, 8.
Montrésor, 118, 128, 147.
Montrevel, 145.
Morainvillier, 87.
Mothe-Houdancourt (la) 110.
Mouillerant, 48.
Myraumont, 34, 35.

Nançay (la Chastre de), 55, 56.
Nangis (la marquise de), 125.
Neret (Jean), **30**.
Noir (le), 38.
Noirmoutiers, 118.

Obasine, voy. Frontenac.
Orange (le prince d'), 136, 138.
Orléans (le duc d'), 142.

Palatins (princes), **135**, 136.
Palluau, 110.
Paolo (Jehan), 19, 21.
Patou (Salomon), 62.
Pecoul, 55.
Pecquet, **34**.
Petiteau, **76**.
Pezé, 48, 49.
Phelippeaux, **113**.
Pierrefonds, **93**.
Plessis (Mademoiselle du), 41.
Pologne, voy. Transilvain.
Pons (R. de), **153**.
Porte (la), 38.
Prêcheurs (le général des frères), **39**.
Prévost (Gabrielle), **103**.

Raconis, 18, **83**.
Rambouillet, 61.
Rantzau, 118.
Richelieu, 95, 96.
Rissé (de) ou Riceys (des), 16 bis.
Rivière (de la), 36, 37.
Rochefoucault (le cardinal de), 94.
Roche-Guyon (la) **144**.
Rochepot (la), 10, 28, 30.

Rohan, 104, 106.
Ronville, 147.
Rouannois (le duc de), 147.
Rubentel, **68**.
Ruvigny, 110.

Sailly (de), 30.
Saint-André (le maréchal de), 31.
Saint-Aubin, 5, 10.
Saint-Bouhaire, 41.
Saint-Luc, 120, **121**, 130.
Saint-Martin, 145.
Saint-Pater, 54, 55.
Saint-Paul, 92.
Sallart, 30.
Salle (de la), 5, 10.
Sancerre (la comtesse de), 43.
Sanson, 24.
Sanzay (le sieur de), 58.
Sarcus, 4, 9, 10.
Sardini, 107.
Seroux, 94.
Sexe (le comte de), **18**.
Sirot, **118**.
Socquet, **57**.
Sorel, 98.
Souvré, 131.
Suède (la reine de), 147.

Tanneguy (Etienne), 83.
Talvande (Mademoiselle de), 43.
Tessé (le sieur de), 42.
Thibault (Emm.), 90.
Thomas (le prince), 129, 139.
Thoré, 60.
Thuillerie (la), 133, 141.
Toulouse (André de), 80.
Tour (la), 93-
Tournon (le cardinal de), 1, 3, 8, 17, **19**, **21**.
Transilvain (le), 64.
Troyes (Martin de), **9**, 10, 24.
Turenne, 118 bis.

Urfé (d'), 94, 103.

Val (du), **54**, **78**.
Vallon (de), 30.

Valory, 155.
Vardes, 147.
Vassé, 49.
Verger (du), 105.
Verth (Jehan de), 118 bis.
Vieilleville (le maréchal de), 33.
Vieville (la), 147.
Villandry, voy. Breton de.
Villebon le jeune, 4, 9, 10.
Villefranche, 38.
Villeroy, 60, 92.
Villongnon, 134, 148.

Vineuil, 110.
Vitry, 118.
Vrillière, (la), 100, 108.

Warlusel (Claude de), 54.
Wicquefort, 135, 136.
Wurtemberg (Christophe, duc de), 12, 21, 24.

Ysoré (Pierre), 41.
Yville, 10.

Compiègne. — Imprimerie HENRY LEFEBVRE, rue Solferino, 31.